首都博物馆
CAPITAL MUSEUM, CHINA

མཁའ་ལམ་གྱི་དཔལ་ཡོན།

天路文华

西藏历史文化展

བོད་ཀྱི་ལོ་རྒྱུས་རིག་གནས་འགྲེམས་སྟོན།

首都博物馆
西藏博物馆 编

科学出版社
北京

首都博物馆　书库

丁种　第肆拾叁部

《天路文华——西藏历史文化展》

图书在版编目（CIP）数据

天路文华 ：西藏历史文化展 / 首都博物馆，西藏博物馆编. —北京：科学出版社，2018.5

ISBN 978-7-03-057311-7

Ⅰ. ①天… Ⅱ. ①首… ②西… Ⅲ. ①文物–考古–西藏 Ⅳ. ①K872.75

中国版本图书馆CIP数据核字（2018）第081459号

天路文华——西藏历史文化展

首都博物馆
西藏博物馆　编

责任编辑：张亚娜
责任校对：邹慧卿
责任印刷：肖　兴
装帧设计：北京气和宇宙艺术设计有限公司

出　　版：科学出版社
地　　址：北京东黄城根北街16号
邮　　编：100717
发　　行：科学出版社发行　各地新华书店经销
印　　刷：北京华联印刷有限公司
印　　次：2018年5月第1版　第1次印刷
开　　本：787×1092　1/8
印　　张：32　1/2
字　　数：234 000
定　　价：280.00元

主办单位：

北京市人民政府、西藏自治区人民政府

协办单位：

北京市文物局、西藏自治区文物局

承办单位：

首都博物馆、西藏博物馆

支持单位：

民族文化宫博物馆、北京市石景山区承恩寺文物保管所

承德市文物局、承德市避暑山庄博物馆、承德市外八庙管理处

重庆中国三峡博物馆、青海省博物馆、布达拉宫管理处、

雪城珍宝馆、罗布林卡管理处、阿里地区札达县文物局

山南市博物馆、大昭寺、扎什伦布寺、萨迦寺、夏鲁寺

丹萨梯寺、敏珠林寺、故如甲寺

展览项目组

项目主持：白杰　曲珍　韩战明　米玛卓玛　李林辉　拉巴次仁　杨文英

项目统筹：谭晓玲　吴明

学术指导：黄春和

展览责任人：孙珂　王俊

展览大纲：张杰　俞嘉馨　黄燕　唐聪丽

文物说明：张杰　俞嘉馨　吉如·巴桑罗布　唐聪丽　黄燕　萨木珍　达娃拉姆
卓玛次仁　李华　格桑央啦　申夏冰　玉珍　色莉玛　泽金　公久平措
格桑卓玛　边巴卓玛　索朗次珍　其美多吉　次仁顿珠　岳海涛　嘎西拉姆

展览设计：钟梅　李赫

文物管理：李健　王显国　刘丞　杨丽丽　于力凡　邢鹏　迟海迪　王丹青　柳彤
闫娟　杨静兮　李梅　李文琪　袁旭　巴桑罗布　巴桑潘多　加洋措
京红　黄燕　萨木珍　格桑朗杰　达娃拉姆　尼玛仓觉　三知加　扎桑
次仁珍玛　王藏毛　旺珍　边巴次仁　赵西　边巴洛桑　小德吉　巴桑
次仁玉珍　次仁卓玛　扎西拉姆　班旦次仁　旦绕　洛桑多吉　旦增多吉
申夏冰　李亮　拉巴卓玛　泽金　索朗次珍　次仁顿珠　公久平措

照明设计：索经今　吕欧

摄　　影：梁刚　谷中秀　张京虎　朴识　夏格旺堆

图片编辑：白琳　苑雯　韩晓　杨妍

致辞

习近平总书记在党的十九大报告中指出："深化民族团结进步教育，铸牢中华民族共同体意识，加强各民族交往交流交融，促进各民族像石榴籽一样紧紧抱在一起，共同团结奋斗、共同繁荣发展。""引导人们树立正确的历史观、民族观、国家观、文化观。"向公众讲述中华民族多元一体的发展历程，为公众解读统一多民族国家的历史智慧，是博物馆人的神圣使命。

在北京市人民政府、西藏自治区人民政府的共同推动下，在北京与西藏两地文物主管部门的共同指导下，首都博物馆与西藏博物馆联袂策划了"天路文华——西藏历史文化展"，从文明溯源、高原天路、雪域佛韵、和同一家四个部分，展现国家统一、民族团结的史实与源流，阐释中华民族在多元一体格局中的文化认同与国家认同。

本次展览得到多方鼎力支持，汇集了来自西藏、北京、河北、重庆、青海5省（区、市）21家单位的珍藏文物。展览共有217件（套）文物上展，时间上启新石器时代，下至民国时期，绝大多数文物是首次在文博展览中与公众见面，这为首博展览能够讲好西藏文明史诗和揭示中华历史智慧奠定了坚实基础。

在此，感谢所有支持本次展览的机构和单位，也代表当下的中国文博人向我们伟大祖国的各民族兄弟表达诚挚的敬意！祝福我们的伟大祖国扎西德勒！

首都博物馆　党委书记　白　杰
馆　　长　韩战明

致辞

西藏位于祖国的西南边陲，自古以来就是中国不可分割的一部分，具有重要的政治地位和战略位置。西藏也是中华民族特色文化的重要保护地，丰富的文化遗产是藏民族与兄弟民族共同发展进步、共同创造中华文明的重要历史见证。为了深入贯彻落实习近平总书记、李克强总理关于文物工作的重要指示，促进西藏自治区和北京市两地的文物资源共享和文化交流，由西藏自治区人民政府、北京市人民政府主办，西藏自治区文物局、北京市文物局协办，西藏博物馆与首都博物馆共同承办的“天路文华——西藏历史文化展”正式与公众见面了。

此次展览重点展示西藏自古以来就是祖国不可分割的一部分这一历史史实和西藏地区民族文化的多样性，表现民族团结、祖国统一的展览主题。展览以文明溯源、高原天路、雪域佛韵、和同一家四个单元层层递进地展现了藏族人民从远古一路走来，开拓进取，形成民族文化，并最终汇入中华民族大家庭的精彩历程。西藏地区共有 185 组件文物参展，其中三级以上珍贵文物大约占展品总量的 84%，数量多、规格高，类别涵盖考古出土文物和传世的印章、封诰、造像、法器、唐卡、瓷器、民俗品、丝织品等。除了西藏博物馆、布达拉宫、罗布林卡等西藏自治区文物局直属各文博单位，大昭寺、扎什伦布寺、萨迦寺、夏鲁寺、敏珠林寺、丹萨梯寺、故如甲寺等寺庙也积极参与，不少寺藏文物更是首次与公众见面，可谓举全区之力讲好此次的“西藏故事”。

长期以来，党中央、国务院始终关心、支持西藏的发展，不断加大对西藏文物保护工作的支持力度，动员全国文化文物系统先后召开五次全国文化文物援藏工作会议，从人力、物力、财力、智力等方面给予大力支援，有力促进了西藏文物事业大发展。首都博物馆自 2012 年与西藏博物馆签订战略合作协议以来，两馆在文物保护研究、技术交流、人才培养等方面合作密切，成效显著。此次展览是继上述合作后，我馆与首都博物馆在展览策划合作方面的一次新尝试，对于我馆策展人才的培养、新馆的展览策划提供了借鉴与启迪。

此次展览得到了自治区各文博单位、各寺庙管理委员会的积极协助和配合，在此我谨代表承办方向各参展单位表示衷心的感谢。同时，也要特别感谢此次的合作伙伴首都博物馆，首博团队认真的前期调研、辛勤的文案工作、精心的展陈设计和及时的宣教推广，是展览最终得以完美呈现的重要保障，为公众领略西藏厚重的历史文化、绚烂的人文风情、珍贵的文化遗产搭建了一座桥梁。

最后，预祝展览取得圆满成功！

西藏博物馆馆长　　米玛卓玛

2018 年 2 月 27 日

目 录

让文物自述鲜活的历史

——西藏参展文物综述

吉如·巴桑罗布（西藏博物馆）

“天路文华——西藏历史文化展”是北京市人民政府和西藏自治区人民政府联合各地，也是继1999年举办“雪域明珠——中国西藏文化展”之后，西藏文物部门在首都北京举办的又一次大型展览。不但如此，本次展览文物的来源之广泛、门类之齐全、品级之高贵，都是历史性突破。

本次展览是由首都博物馆策展人员牵头策划，与西藏博物馆策展人员合作设计，展览内容分成文明溯源，高原天路，雪域佛韵及和同一家四个部分，全面讲述西藏悠久的历史，文明的形成，文化的特色、民族交往交融和同一家的历史进程。

本次展览涉及西藏拉萨、日喀则、山南三市和阿里地区所辖13家文博机构和寺庙，参展文物数量达185件套。其中拉萨布达拉宫参展34件套文物，西藏博物馆参展文物96件套，罗布林卡参展10件套文物，大昭寺参展2件套文物；日喀则扎什伦布寺参展2件套文物，萨迦寺参展6件套文物，夏鲁寺参展1件套文物；山南市博物馆参展20件套，丹萨梯寺2件套；敏珠林寺5件套文物；阿里地区札达县文物局参展2件套文物。阿里地区噶尔县故如甲寺参展3件套文物。

事实上展览的成功与否重点要看前期的策划与研究，核心在于展品的价值认知及其信息的传递。因此，我们不难发现，以上文物保护单位、寺庙的文物展品都不是简单的罗列而是精心策划的展览内容所决定的必然要求。因此，每件文物都具备不可替代的重要历史价值，在本次展览的体系当中更是如此。

1. 山南市参展文物

山南作为吐蕃文明的重要发祥地和明朝时期帕木竹巴西藏地方政权所在地，文物资源十分丰富。在本次展览当中根据策展研究人员对展陈大纲的设置和展示内容的需求，挑选参展了山南市博物馆20件套，丹萨梯寺2件套和敏珠林寺5件套，共计27件套文物，其中丹萨梯寺是首次参加文物展览，选择的2件金铜佛像都是15世纪前后以该寺殿堂内供奉的造像为基础，从材质、制作工艺和审美上形成了具有自身特色的艺术风格，而后期研究人员称其为丹萨梯艺术风格的造像之典范。

作为宁玛派祖寺之一，敏珠林寺珍藏着诸多珍贵的佛教文物，尤其以合金妙音佛母为代表的，被称之为掘藏品的部分古老造像堪称稀世珍宝，但巧合的是从敏珠林寺挑选参展文物时，供奉在该寺集会大殿的道果派上师传承之铜鎏金造像是各路专家的首选对象。2001年在上海举办的“雪域藏珍”，2003年，“雪域藏珍——中国西藏文物展”赴美展览，2006年的赴德展览均有敏珠林寺此套金铜造像及合金噶当大佛塔的频频亮相，使人们对敏珠林寺珍贵文化遗迹留下深刻印象。在此次展览当中，策展研究人员从敏珠林寺初选了5尊造像，1座噶当塔，共6件。由于合金噶当塔的高度超过航空运输的标准而临时被迫取消。而在5尊造像当中，考虑到艺术流派的多元化选择了1尊早期的域外造像，

铜鎏金毗瓦巴像

铜鎏金时轮金刚像

其余均属于道果派上师传承系列，包括大成就者毗瓦巴、阿瓦都帝巴和萨迦扎巴坚赞。

据知情人士介绍，这套铜鎏金道果派上师传承造像在20世纪70年代社会动荡的历史时期流散到民间，而后民族宗教政策落实之初，敏珠林寺高僧抛开宗派之偏见，把这些流散多年且依然面临损毁之灾的造像第一时间迎请至寺庙精心供奉、保护。这些金铜造像造型丰富、形象逼真、工艺精美之特点，是西藏传统铸造和锻造工艺的完美结合体，其生动写实的人物造型充分彰显出了西藏本土造像的题材特色及崇尚的艺术审美。

山南市参展文物皆为近年来的出土文物，包括2002年前后从山南浪卡子县出土的各类黄金饰品和雅砻河谷其他地方发现、出土的各类陶器。

2. 日喀则市参展文物

（1）夏鲁寺参展文物

夏鲁寺作为日喀则市内历史最久远的国家文物保护单位之一，寺内珍藏着大量珍贵文物，包括建筑、壁画、嵌入墙面的擦擦等不可移动的文物和造像、唐卡、法器、贡器等可移动文物。本次展览中研究人员只借调了夏鲁寺铜鎏金时轮金刚像一件文物。从艺术和材质角度分析，在夏鲁寺诸多珍贵的造像当中，或许这只是其中一尊普普通通的造像，但笔者认为这与从14世纪初期开始布顿大师把时轮金刚变成夏鲁寺之法脉必然有着密不可分的特殊关系，从法脉承袭的寺庙本体历史渊源来探究，其

双体陶罐

铁柄铜镜

宣政院印章

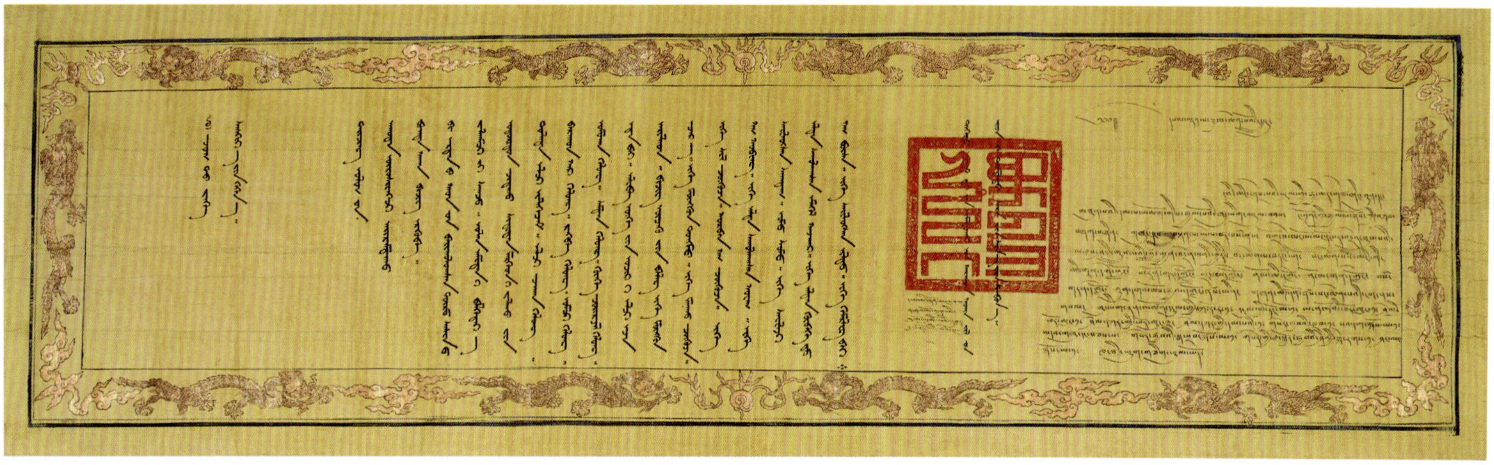

清皇太极敦请萨迦法王会晤圣旨

重要意义就不言而喻。当然，从夏鲁寺之外更广泛的收藏领域里，与此制作年代、工艺水平、题材相近的作品实属罕见。这件文物在2006年赴德展览当中首次亮相。

（2）萨迦寺参展文物

萨迦寺作为藏传佛教四大教派之一的萨迦派祖寺，昆氏家族的府邸和元朝时期西藏地方的政治、文化、经济中心，汇聚着不计其数的珍贵文化遗迹，其中伴随地方政权、政教管理制度和萨迦班智达·贡嘎坚赞、八思巴、恰那多吉以及历代萨迦法王等重要历史人物的各类历史文物，更是其遗产宝库中的璀璨明珠。在本次展览体系当中亮相的元代头盔、铠甲、宝剑等稀世珍品，充分体现了元朝中央政府当时在西藏实施的独尊一派的有效管理制度和权势之威。

铜鎏金弥勒佛像

铜鎏金松赞干布像

兽首胡人纹鎏金银壶（复制品）

（3）扎什伦布寺参展文物

在本次展览当中从扎什伦布寺挑选的文物数量并不多，但是其中的《布画四世班禅洛桑·确吉坚赞唐卡》出自一代大师勉萨派创始人藏巴·曲英嘉措之手，是难得的传世真品。此幅唐卡通长125.5、通宽76.5厘米，画心长55.5、宽38厘米，属于唐卡常规的规格。根据史书记载，公元17世纪中叶，日喀则扎什伦布寺出现了一位名叫曲英嘉措的杰出艺术家。他精通雕塑与绘画艺术，他以原有在日喀则一带盛行的勉唐画派作为主要基础，创造出了新的绘画流派，后人称其为新勉唐派，影响甚远。此幅唐卡主尊为当时扎什伦布寺的堪布四世班禅洛桑·确吉坚赞，他既是曲英嘉措的根本上师，也是当时西藏最富名望的一位高僧大德。画面中四世班禅头戴禅修帽，身着黄色法衣，神态安详、传神，右手胸前结三宝印，左手脐前托钵盂，结跏趺坐于莲花座上。其上下左右绘有八位形象生动、身姿有别的高僧形象。

3. 西藏博物馆参展文物

西藏博物馆作为目前西藏地区唯一的国家一级博物馆，博物馆有常设展览一直对外开放。加之近年来作为西藏题材文物展览的主要参展和实施单位之一，西藏博物馆相比于其他文物收藏单位，公众对其重点和精品文物的了解自然会更多、更全面一些。西藏博物馆馆藏文物具有自身的特色，而西藏史前文化遗迹和历史文物是其最大亮点之一。除了传统佛教造像、唐卡以及各类民俗文物外，西藏博物馆在本次展览当中提供的文物重点在于以昌都卡若新石器遗址出土的双体陶罐等。拉萨曲贡新石器遗址出土的陶塑猴面以及从该遗址发现的西藏早期金属时代带柄铜镜等珍贵的考古出土文物和元朝宣政院印章（三台直钮铜印）、元代象牙“萨”字印、元代统领释教大元国师印、洪武皇帝封授加麻万户长圣旨、皇太极敦请萨迦法王会晤圣旨、西天大善自在佛所领天下释教普通瓦赤拉呾喇达赖喇嘛之金印等全面印证历朝历代中央政府有效管理、治理西藏地方事务的诸多历史文物。

4. 布达拉宫参展文物

在本次展览当中有34余件套来自世界文化遗产——布达拉宫的珍贵文物，包括佛教艺术类文物刺绣大威德唐卡、大明永乐年款铜鎏金大威德金刚八瓣莲花造像[1]，克什米尔风格合金五方佛坐像[2]，北魏铜鎏金弥勒佛像等精品造像；宣德年款金刚铃杵，大明永乐白釉暗花纹藏文僧帽壶，元代青釉竹节纹高足碗，清代八宝汁书写《文殊正名曼陀罗仪轨无暇虚空》经以及公元17世纪初藏巴汗政权时期整理、规范和复原的吐蕃贵族服饰一套等各类珍贵文物，为本次展览的主题和整体内容阐释提供了最真实的依据。

5. 罗布林卡参展文物

本次罗布林卡的参展文物为10件套，除一件生活用具即银质茶壶外皆为佛教造像，毋庸置疑，该展览的策展研究人员把罗布林卡的藏品视为西藏本土风格造像艺术的重点选择对象。1754年，西藏噶丹颇章地方政权在布达拉宫山脚下建立了雪堆白厂，以满足西藏地方建寺供奉之需求。而罗布林卡作为当时最重要的宫廷园林，无论是错落有致的三大建筑群，还是琳琅满目的陈设供器，无不体现雪堆白艺术的时代特点。

6. 大昭寺参展文物

作为世界文化遗产，大昭寺珍藏着大量珍贵文物，但文物出寺参展实属首次。本次展览中大昭寺参展文物2件，其中一件为鎏金银壶，另一件则是刺绣大威德金刚唐卡。该银壶传统上被认为与松赞干布有关，五世达赖阿旺洛桑嘉措在其撰写的《大昭寺目录》里称该壶是作为宗喀巴大师的掘藏品供奉于此地，而其具体来龙去脉鲜为人知。美国藏学家阿米 · 海勒女士专门研究此件壶并认为此件是吐蕃艺人融合中亚、西亚和中原唐朝的多种艺术风格而制作的杰出作品[3]。由于文物本体的保存状态不够理想，且被广大信徒视为大昭寺内必须膜拜的神圣器物之一，因此，文物原件始终无法离开殿堂，走出大昭寺。根据相关人员介绍，此次参展银壶为2013年制作的仿品。相对银壶，大家对大昭寺这件参展唐卡未必有太多的了解。此幅刺绣独雄大威德金刚唐卡与该寺收藏的另一幅喜金刚唐卡工艺完全一致，是一套制作于明朝永乐年间的宫廷艺术杰作。20世纪80年代初，西藏文管会文物普查队写过一篇题为《大昭寺藏永乐年间文物》的简报，其中首次比较详细地介绍了此幅唐卡并附有图片。此幅唐卡通长430厘米，通宽239厘米；画心长324厘米，宽210厘米。如此巨幅的刺绣唐卡本来就十分罕见，更何况这是件明朝永乐皇帝之赏赐品，历经六百余年的传世珍宝。

该唐卡采用巧妙的中原刺绣工艺把藏传佛教共修的密宗主要本尊之一即大威德金刚超乎想象的忿

怒造型塑造得活灵活现，让人叹为观止。其整体构图保持尼泊尔艺术流派，与 13 世纪前后在西藏盛行的齐岗画派风格一致，唐卡画心上方安置两排神像及人物造像，其中第一排自右至左第一位是居士装束的上师，第二是身着三法衣，头戴五叶宝冠的上师，第三至第九皆为菩萨[4]，第十至十二皆为上师，其中第十、十二为居士装束。第二排左右各 2 位上师，共 4 位上师形象，其中右边的两位头戴红色班智达帽，左边的则未戴法帽而长发垂背外，其余造型包括手印和手持法器均为相同。唐卡下方为如花似玉、肤色迥异、舞姿优美、手捧供物的 7 尊供养天女形象。另外，唐卡右侧边镶有一块红绸上以黄色丝线纵向刺绣“大明永乐年施”六字款。根据以上内容，虽然无法辨认唐卡上方出现的历史人物的具体身份，但我们依然可以大胆推断这幅唐卡极有可能是一位与永乐皇帝关系甚密的噶举派上师有关。

“大明永乐年施”刺绣大威德金刚唐卡

7. 阿里地区参展文物

在我记忆当中，除了早期的文物普查、考古调查和对古格遗址进行抢救性保护时收集到的文献、图片及其他各类材质的零散实物资料归入西藏文管会，而后转交给博物馆，成为西藏博物馆永久性藏品之外，就地保管的文物外出参展实属首次。

在本次展览当中阿里地区札达县文物局和故如甲寺两家文物收藏单位共有 5 件套珍贵文物参展，包括曲踏墓地出土的一件黄金面具和一颗天珠，故如甲木墓地出土的丝织品、铜锅和茶叶。虽然展出数量较少，却件件都是近年来由中国社会科学院考古研究所和西藏自治区文物保护研究所合作在西藏西部阿里象泉河上游地区联合开展考古调查、发掘的最新成果。据相关考古报告显示，两地遗址出土文物的时间都在距今 2000—1800 年左右，故如甲木墓地被评为 2014 年度全国十大考古新发现，可见该墓地发现的意义与出土文物的价值非同一般。

我们先说一说出土于札达县曲踏墓地的黄金面具吧！据西藏自治区文物研究所考古专家赤列次仁先生专门为笔者提供的介绍及相关资料显示，迄今为止在西藏西部阿里地区共发现 3 件黄金面具，其中本次展出的这件黄金面具是 2009 年发现于札达县曲踏墓地 I 区 M1，经过有关专家对出土的动物骨骼进行碳—14 测定，该墓地年代为公元 1—2 世纪[5]。这与之后分别于 2012 年从故如甲木墓地和 2013 年从札达县曲踏墓地出土的 2 件黄金面具年代基本一致，从而充分证明不管这一特殊的文化现象是怎样形成、流传，但制作、佩戴黄金面具（哪怕是象征性的）是当时生息在这片土地上的古老民族的一种重要习俗，这将为我们进一步准确、深入研究当时西藏西部地区的历史和文化，提供了十分重要的线索和实物资料。

纵观以上西藏各参展单位提供文物的信息，我们不难发现本次“天路

黄金面具

“王侯”汉字织锦

文华——西藏历史文化展”参展的185件套文物涵盖西藏史前文化、历史、宗教、传统文化、艺术、工艺以及民风民俗等。每一件参展文物都具有历史、文化门类的广泛性、代表性，具有艺术的观赏价值，历史文化的研究价值和文明技艺的科学价值，其中来自阿里、山南、拉萨大昭寺的绝大多数文物是首次展出与广大观众见面。

注释：

[1] 根据现存遗迹分析，基本可以肯定此类盛开的八瓣莲花中央出现本尊形象的设计源自11世纪前后的东印度或者克什米尔。然而，此件出自明朝宫廷的造像是此类造型艺术当中的精品。虽然，在未能找到准确的文字记录的情况下，我们尚不能判断其重要的流传经历。据笔者所知，布达拉宫珍藏着密集金刚、胜乐金刚、大威德金刚，一套三件八瓣莲花本尊造像，其中大威德金刚造像气势最为恢弘，而此件展品为复制件。

[2] 此造像极有可能是在西藏西部制作。

[3] 阿米·海勒（Amy Heller）著，杨清凡译:《拉萨大昭寺藏银瓶——吐蕃帝国（7世纪至9世纪）银器及服饰考察》，《藏学学刊（第3辑）——吐蕃与丝绸之路研究专辑》，四川大学出版社，2007年，第194页。

[4] 仅凭照片还不能完全辨认具体身份，更像是八大菩萨，但上面只有七尊菩萨。笔者推测是把主尊大威德金刚作为文殊菩萨的化身，在此极有可能以主尊为代替。

[5] 仝涛、李林辉：《欧亚视野内的喜马拉雅黄金面具》，《考古》2015年第2期。

“天路文华——西藏历史文化展”策展手记

张杰（首都博物馆）

一个关于民族的展览，它的主题可以是多样的。一个主题的表现，也可以有多种视角。选择什么样的策展意图，决定了一个展览将以什么样的陈列语言与观众交流，决定了传达给观众的知识范畴是单一的，还是多元的。刚刚拿到关于这个展览的命题时，“反映祖国统一，民族团结的主题”是来自展览主办单位的唯一要求。

策展意图是一个展览以什么样的面貌呈现给观众的决定因素之一。我们对以往首都博物馆本馆的相关展览和西藏在内地举办的展览进行梳理、分析，整理近年相关西藏主题展的内容策划方向。

一、对内地举办相关西藏文物展览的研究

从首都博物馆的展览历史来看，十年来已经举办过两次西藏专题展览。其中，2007 年 11 月 22 日至 12 月 5 日举办的“叶星生抢救保护西藏民间文化遗产成果展”从保护藏族非物质文化遗产的角度，展示了藏族历代相传的工艺生产技术和宗教艺术；2016 年 12 月 15 日至 2017 年 3 月 15 日举办的“牦牛走进北京——高原牦牛文化展”从自然史和文化人类学的角度，展示与牦牛相伴的藏族生活。在十年中，首都博物馆对藏族文化的展示已经涵盖了民间非物质文化遗产和民俗生活。

早在 2009 年至 2011 年，西藏自治区相关文博单位、寺庙组织的“圣地西藏——最接近天空的宝藏”就在日本九州国立博物馆、东京上野之森美术馆等五家日本博物馆巡展，并在中国台北故宫博物院、高雄科学工艺博物馆、湖北省博物馆、河南博物院相继巡展，展览分为吐蕃王朝、金色宝藏、文化交流、雪域风情四个单元，分别从吐蕃王朝建立开启佛教的发展，藏传佛教艺术，西藏与元明清中央政府的交流，宗教民俗风情四个角度讲述西藏历史文化，并在海内外产生巨大影响。

在首都博物馆接到本展览的筹备任务之前，由西藏博物馆、布达拉宫管理处、罗布林卡管理处等单位联合举办的“祥云托起珠穆朗玛——藏传佛教艺术精品展”已经在深圳博物馆开幕。在本展览筹展及开幕后在辽宁省博物馆、浙江省博物馆巡展，“祥云托起珠穆朗玛——藏传佛教艺术精品展”的参展单位与本展览主要文物来源的单位相同。无疑，这在文物选择和展览结构的组织策划两方面，对本展览的影响是最大的。“祥云托起珠穆朗玛——藏传佛教艺术精品展”分为高原之声（吐蕃至明清时期西藏与内地的政治、经济、文化、宗教往来）、佛法之缘（藏传佛教艺术）、器用之德（宗教用品）三部分组成。其中，在辽宁省博物馆展出时沿用了“最接近天空的宝藏”之名，将展览分为吐蕃王朝、和同一家、金色宝藏、雪域风情四个部分，参考了之前展览的结构；而在浙江省博物馆展出时恢复“祥云托起珠穆朗玛”展览名称，第二单元“佛法之缘”改为“天工之巧”，在名称上减弱了宗教化色彩。

此外，以 2015 年上海中华艺术宫展出的“雪域撷珍——西藏文物珍品展”为代表的藏传佛教艺

术专题展，也得到内地观众的广泛关注。因此，为了避免因偏重藏传佛教艺术有可能会被视为正在巡展的系列展览之一，在本次展览的策划中对单元的结构着重设置，加强单元之间的逻辑关系，使之成为故事线，让观众更好地理解展览。

二、对于展览策展意图的价值判断

展览的策展意图是一个展览区别于另一个展览的根本，也是策展人价值观和专业视野的体现。展览的策划，即内容设计应与其他设计专业工作一样，首先进行的是关于设计价值的判断。对于一个涉及边疆与宗教的重要民族来说，展示民族民俗文化不仅与首都博物馆以往展览重复，而且并不能突出藏族在中华民族共同体进程中，以及统一多民族国家形成中的历史作用。

2017 年 9 月下旬，为了解本次展览文物资源，展览项目组赴西藏拉萨、日喀则、山南三市六县的文博机构和寺庙调研。当我相隔十年再次踏上高原的时候，展览的策展意图逐渐清晰起来。看到十年间城市建设，公路、铁路交通的变化，以及 318 国道边建起的用以整体安置山区百姓的崭新村落。这些变化让我深深感到祖国统一和民族团结，对边疆和藏族同胞生活变迁的重要意义。

在山南市琼结县、桑日县调研时，得到了两位清华大学 2009 届毕业校友的大力协助，使我们更深入地了解了当地吐蕃遗址与寺庙。让我看到了远离家乡扎根边疆的清华人服务基层、服务百姓的情怀。山南，是吐蕃王朝的发源地，而由于旅游关注热点的不同，山南在名气上远不如拉萨、日喀则、灵芝等地。在琼结县琼结镇，我看到了在琼结镇人民政府任镇长的校友李小虎，正在为恢复吐蕃王朝早期建筑和开发琼结旅游资源而奔忙。青瓦达孜山上，吐蕃王朝的第二座宫殿青瓦达孜宫正在修复；青瓦达孜山下，五世达赖喇嘛故居经过维修整理，已经成为一座小型故居博物馆，并成为琼结镇文化广场的核心区。一座具备旅游开放能力的城镇文化广场，即将为旅游资源的开发，城镇文化生活的繁荣发挥作用。山南地区桑日县是帕竹政权的祖寺丹萨梯寺所在地，丹萨梯造像是藏传佛教向民族审美发展的转折点，在展览中展示丹萨梯寺出土的造像，是展示民族文化的重要物证。在桑日县人民政府副县长阎伟隆校友的协助下，丹萨梯寺的经师慷慨地向展览项目组展示了寺里出土的文物。而宗教界的积极配合，正是得益于阎伟隆校友在担任镇长时，为寺庙修缮、出土文物整理等事项多方协调，与寺庙结下了深厚友谊。丹萨梯寺所在山下，雅鲁藏布江由此东去，如今，沙化严重的雅鲁藏布江北岸，在阎伟隆和他的同事们精准扶贫下，沿江建起葡萄园，并通过招商引资引入葡萄酒生产企业，酿造起世界海拔最高的葡萄酒。这一扶贫项目不仅解决了沙化环境治理，还为附近藏族村民提供了就业机会。正是汉族干部心系民生，服务民生，换来了僧俗民众对政府工作的信任和支持。我们此行能够顺利地得到寺庙的支持，与扎根基层的干部们的长期奉献边疆建设和民族团结建设是分不开的。

作为一名在策展岗位上工作的首博人，虽然不能直接服务于西藏百姓的民生福祉，但却可以通过展览，促进内地观众对藏族重要历史作用的理解，支持建设边疆。也就是从那时起，我便决定了策展意图不是民俗展，不是宗教艺术展，而是一个反映藏民族为祖国统一和多元一体中华民族形成所作出的历史贡献的展览。

展览筹备期间，恰逢党的十九大召开。习近平同志在十九大报告中指出："深化民族团结进步教育，铸牢中华民族共同体意识，加强各民族交往交流交融，促进各民族像石榴籽一样紧紧抱在一起，共同团结奋斗、共同繁荣发展。""弘扬民族精神和时代精神，加强爱国主义、集体主义、社会主义教育，引导人们树立正确的历史观、民族观、国家观、文化观。”我想，我们这次展览正应当承担起这个宣传教育的任务。

三、展览结构与陈列语言的形成

通过对西藏历史的学习，和对近年来各专业领域对西藏文物研究成果的整理，我认识到从新石器时代开始，出土文物便明确带有雪域高原与内地，乃至周边的文化联系。而之后的藏传佛教又与文化交流有关，在文化交流中形成了藏传佛教艺术与民族文化、内地文化的交融，逐步产生了文化认同与国家认同。祖国统一是民族文化交流融合的结果。因此，展览形成如下结构：

展览结构说明

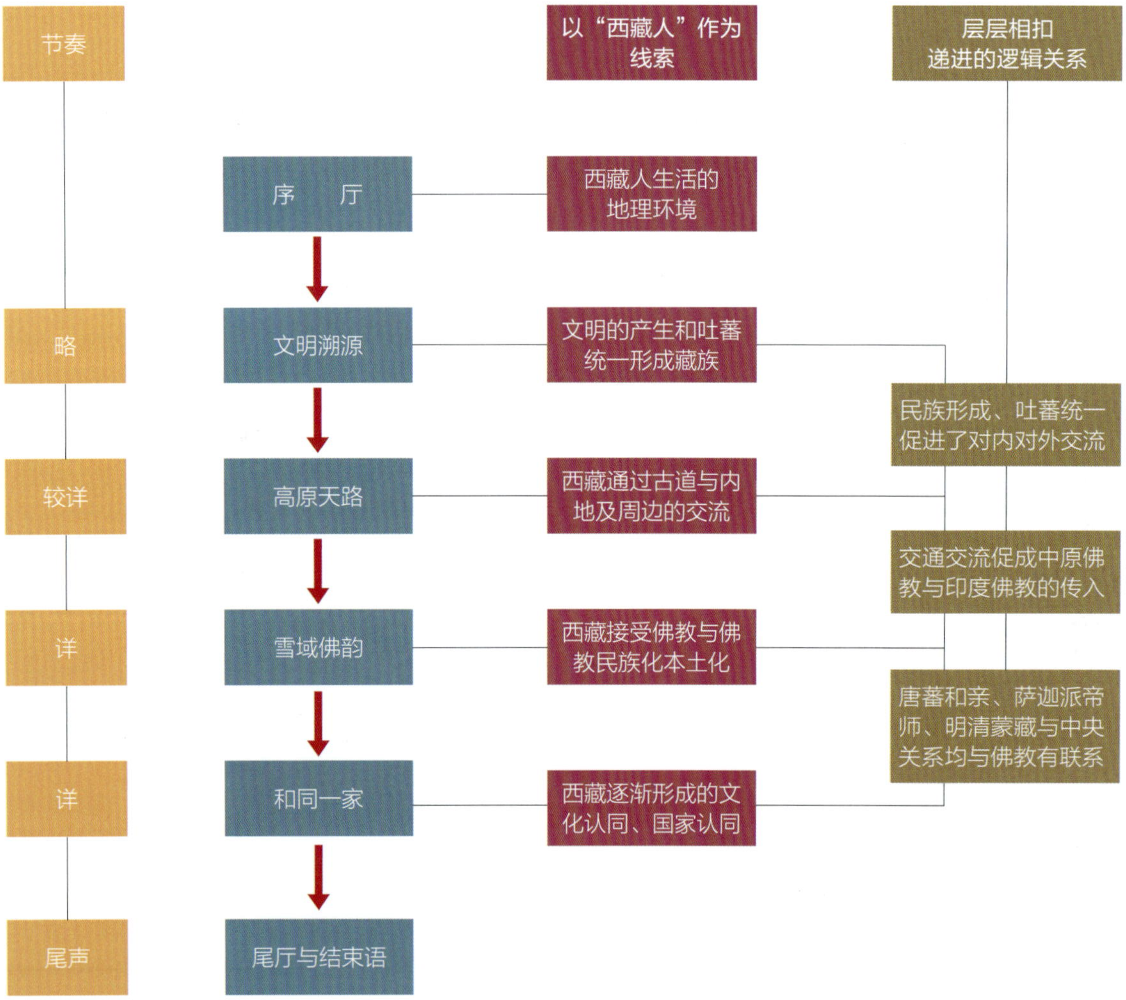

第一单元　文明溯源是展览的开篇，展示雪域高原远古文明的由来。本单元分为两个部分：一是史前的石器、陶器等出土文物，展示雪域高原文明与内地文明之间的文化渊源，表现高原先民与中国古代北方民族的关系；二是从部落联盟到吐蕃政权建立的简要展示，吐蕃的建立为藏族的形成奠定了基础。在这里，展示早在史前时期雪域高原文明并非孤立地发展，而是超越地理的限制，与周边有着密切的往来。

第二单元　高原天路展示西藏地方通过古代交通与中亚、南亚、中原内地之间的文化和经济交流，重点展示文化交流、经济贸易带给西藏的多元文化物证，即在文化交流上促成藏族文化的多元性。同时，体现西藏地区在沟通内地与周边国家地区过程中，对中华民族多元一体文化形成的历史作用。本单元包括两个部分：一是高原丝路，侧重从政治和宗教关系展示文化交流；二是茶马互市，侧重从经济民生往来展示文化交流。

第三单元　雪域佛韵承接上一单元对高原与内地，及周边国家交通和文化交流的展示，展出由文化交流而来到西藏的佛教文化（展示藏传佛教是从内地和印度两方面传来，并经过民族化、本土化而成为中国佛教文化的一部分，并非单纯外来）。本单元包括佛教初传、佛教复兴、佛教艺术本土化三个部分，并展示佛教在藏民族生产生活中与民族文化相结合，在生产、艺术、科技、医学等方面产生的相关文化成就。

第四单元　和同一家是展览的重点，展示藏民族对于中华民族和中国文化的民族认同、文化认同，进而上升到国家认同的历史发展脉络。本单元内容分为四个部分：展示唐与吐蕃和亲；元代萨迦派帝师；明代多封众建；清代“兴黄安蒙”。您将看到不同历史时期藏民族地区与中原王朝中央政府之间的联系，展示雪域高原与中原和同一家的血脉渊源。

在展览的陈列语言上，为保持信息传递的有效性和展览所呈现的视觉形象的一致性，除必要说明的图版外，说明牌和辅助展品均体现文化之间相互交流这一角度，对于考古出土文物舍弃了考古遗址图作为辅助展品，尽量避免本展览主题以外的信息干扰观众对信息的获取。同时，减弱宗教因素，以宗教艺术形象展示文化交流的结果。在陈列艺术设计上与设计师达成一致，尽量减少装饰，特别是带有宗教符号的装饰，减少展示视觉层级，保留空间、文物及必要的文字，强调在观众的视觉所及之处留给观众思考、观察，避免“填鸭式”的信息传递。长久以来，人们习惯于阅读或者听取直接的结果，而忽视了对艺术品的欣赏及从欣赏中获得感悟。此次展览的陈列语言有意引导观众回归学习和获取知识本来的方式，哪怕只是恢复对艺术作品的欣赏方式，对于博物馆启迪公众思考的作用来说，当是一次尝试。

“天路文华——西藏历史文化展”设计了智慧博物馆导览及问卷调查，其中的目的之一是测评观众获取知识的结果。这次尝试，对于博物馆陈列语言的改进，使观众在更自由地思考中获得知识将是一次检验，为后续的展览策划提供参考。

是为记。

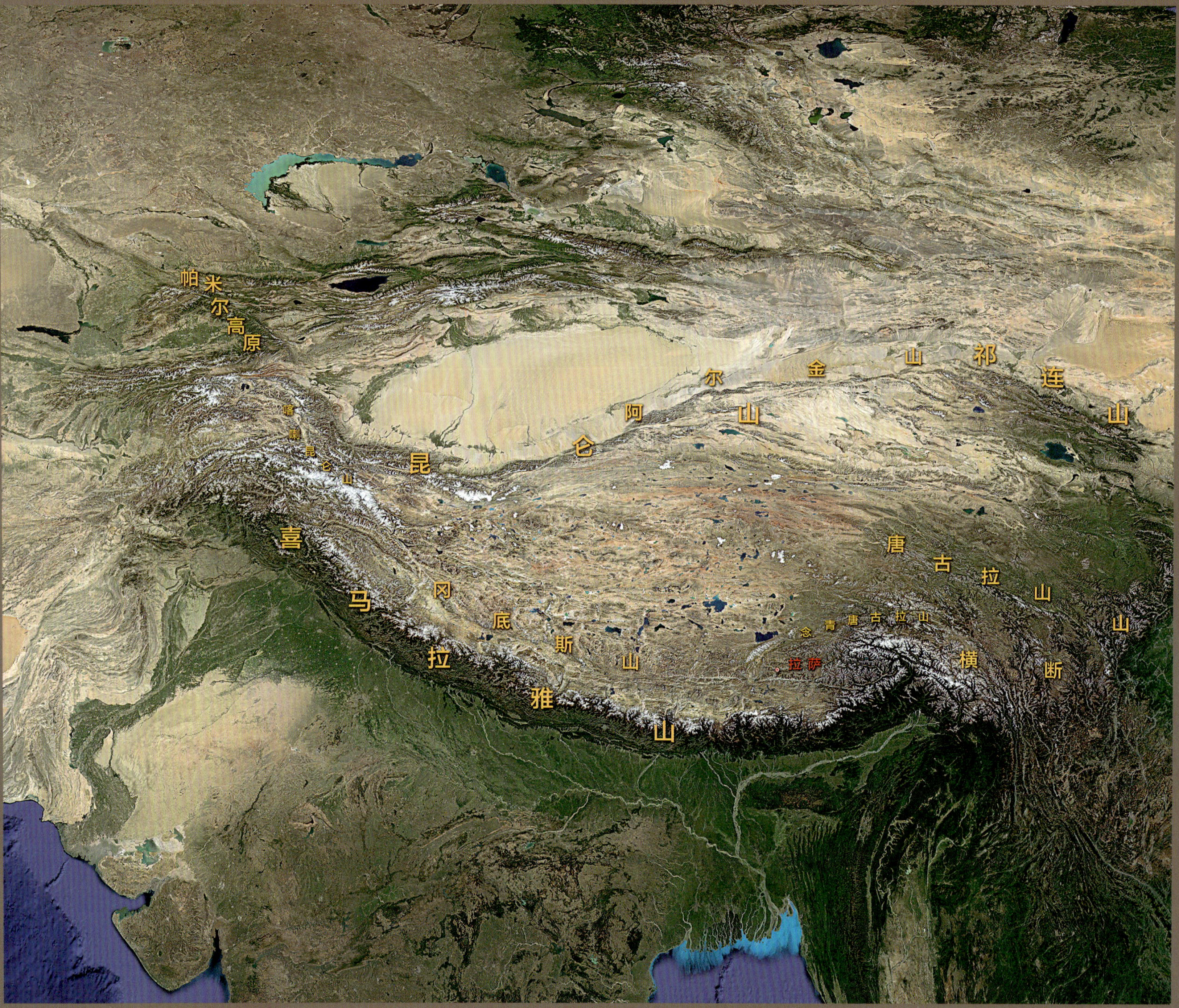
帕米尔高原
喀喇昆仑山
阿尔金山
祁连山
昆仑山
喜马拉雅山
冈底斯山
唐古拉山
念青唐古拉山
拉萨
横断山

前 言

喜马拉雅山　冈底斯山　昆仑山　念青唐古拉山……
旁玛雍错　纳木错　羊卓雍措……
神山圣湖书写着藏民族的伟大；
布达拉宫　雍布拉康　昌珠寺　桑耶寺……
庄严妙像　僧侣　信众　酥油灯……
金顶蓝天绘就着藏文化的辉煌；
一条条天路蜿蜒在雪域高原上
将他们与各兄弟民族连接在一起
他们是谁——

青藏高原是中国最大、世界海拔最高的高原，被称为“世界屋脊”“第三极”，南起喜马拉雅山脉南缘，北至昆仑山、阿尔金山和祁连山北缘，西部为帕米尔高原和喀喇昆仑山脉，东及东北部与秦岭山脉西段和黄土高原相接。这是世界上最年轻的高原，是孕育中华文明、印度文明的大河之源。原高路险却又并非与世隔绝，神秘而多元的西藏文化在这里孕育成长。

冈仁波齐峰

位于阿里地区的冈仁波齐峰
是苯教、佛教、印度教、古耆那教
共同认为的宇宙中心。
苯教留下的对自然的尊崇，
对神山圣湖的崇拜，
一直影响到今天的藏族人生活。
在朝圣中的转山转湖习俗一直被保留至今。

王源宗 摄

第一单元

文明溯源

孕育了古老东方文明的几条大河发源于青藏高原，

滔滔河水蜿蜒流淌，

也为雪域孕育了生命和文明。

细小的石叶，

质朴的陶器，

透着神秘色彩的金器，

默默地诉说着一个民族的由来。

一、高原先民

考古发现的距今约 5 万年至 1 万年之间旧石器时代晚期的石器证明，自古以来就有人类在雪域高原活动。根据目前所发现的西藏细石器文化的特点分析，有学者认为西藏细石器文化基本上属于我国以华北为中心的非几何形细石器文化传统。新石器时代以后，远古人类的遗存更多、更丰富。昌都卡若遗址，更以雄辩的事实证明了早在四五千年前青藏高原上不仅有人类生息繁衍，而且已经产生了较发达的原始文化。

石锛

新石器时代

长 8 厘米　宽 4.5 厘米

西藏自治区林芝地区墨脱县背崩村采集

西藏博物馆藏

刮削器

距今约 1 万年

长 10.7 厘米　宽 8 厘米

西藏自治区昌都市卡若遗址出土

西藏博物馆藏

在昌都卡若遗址所发掘的石器当中，以打制石器为多。在打制石器当中，以此种刮削器数量最多。这种刮削器采用直接打下来的石片，不加修饰。从使用痕迹观察，这种刮削器不仅能用刃部刮削，两侧也可来刮削。

细石叶（1套5件）

距今 5000–4000 年前
长 1.5–2.8 厘米　宽 0.2–0.7 厘米
西藏自治区昌都市卡若遗址出土
西藏博物馆藏

经过多次打制所形成的如此小巧的细石叶，是插在骨器上复合使用的，其基本特征和使用方式，与华北地区、北方草原地区的细石器属于同一系统。

石斧

新石器时代
长 16.5 厘米　宽 6.3 厘米
西藏自治区昌都市卡若遗址出土
西藏博物馆藏

石斧通体磨光，一面磨刃，刃部宽于斧顶，直接使用，可能是用于砍伐树木、开垦土地，以及修筑泥木结构的居室。

穿孔石刀

距今 5000–4000 年前
长 10.3 厘米　宽 3.8 厘米
西藏自治区昌都市卡若遗址出土
西藏博物馆藏

该件石刀靠近刀背上端带有凹槽，槽内穿孔。凹槽为安装刀柄所用。作为复合工具所使用。

双体陶罐

新石器时代晚期
高 18.7 厘米　长 31 厘米　宽 15 厘米
西藏自治区昌都市卡若遗址出土
西藏博物馆藏

双体陶罐在整个卡若遗址所出土的陶器中仅此一件，代表了当时卡若文化的最高制陶水平和造型能力。其艺术表现力与黄河流域典型的新石器文化彩陶艺术水平相差不大。双体造型流畅且独特，表明该器应不是普通的生活用器，可能在氏族部落举行重大祭祀和庆典活动时所使用的一种礼器，具有特殊的意义。

卡若遗址出土器物与马家窑文化宗日类型、克什米尔布尔扎霍姆出土器物比较
（采自韩建业：《"彩陶之路"与早期中西文化交流》，《考古与文物》2013 年第 1 期）

三角折线纹夹砂黄陶罐

新石器时代
腹径 16.3 厘米　高 21.2 厘米
西藏自治区昌都市卡若遗址出土
西藏博物馆藏

小底陶器是昌都卡若遗址的典型器。这件小口鼓腹陶罐是卡若文化早期的代表性器物之一。卡若文化早期，人们处于较稳定的生活状态，尽管可用于开垦耕作的土地非常有限，常常局限在狭小的山谷地段，但陶器等器皿的制作多精致讲究，并施以彩绘纹饰，器形也别致、多样。而到了卡若文化晚期，陶器趋于粗陋、简单，这应与经济形态的改变——由原始农耕经济为主转向畜牧为主有关。

石梳形器

新石器时代
长 10.6 厘米　宽 4.5 厘米
西藏自治区昌都市卡若遗址出土
西藏博物馆藏

该件石器的梳齿加工精细且短小，位于整器的一侧。整件石器呈长方形且有一定厚度，打磨均匀，推断应为陶器制作的加工工具。当时的陶器多采用泥条盘筑法、手捏法或模制法制作而成，需要使用工具拍打器壁形成规整的造型，这件石器的设计恰好满足了这一需求。同时短小的齿口，便于在陶器外壁刻划形成纹样，既是装饰也便于捧握，增加了摩擦力。

骨锥（1 套 2 件）

新石器时代
长 13 厘米　宽 14.5 厘米
西藏自治区昌都市卡若遗址出土
西藏博物馆藏

卡若遗址所发现的针、锥、簪、匕等骨角器中，以针、锥为多，制作极为精细。所展示的骨锥柄端保留明显的动物肢骨关节，通体磨光，具有很高的加工水平。

骨笄

新石器时代
长 14.7 厘米　径 0.8 厘米
西藏自治区昌都市卡若遗址出土
西藏博物馆藏

拉萨曲贡遗址

拉萨曲贡遗址地处西藏高原腹地，距今4000年至3700年左右，相当于昌都卡若文化晚期，大体与中原地区的龙山文化晚期相当，是一处重要的新石器时代遗址。在大体相同的年代水平线上，西藏高原的周边地带均已进入到青铜时代，西藏高原有可能与周围地区一样，在这个阶段开始进入铜石并用或青铜时代，或者至少开始使用铜器。

环状重石

新石器时代
高 3 厘米　径 8.5 厘米
西藏自治区拉萨市曲贡遗址出土
西藏博物馆藏

穿孔石球以花岗岩为材，通体磨光呈椭圆球状，中心圆孔采用先琢后磨的方法，从两面对穿，孔壁平滑，器身涂有红色颜料。根据现代民族学的资料得知，重石可作为加重物，附加在挖土棒上，作为原始的农具。

涂红石器

新石器时代
径 8 厘米
西藏自治区拉萨市曲贡遗址出土
西藏博物馆藏

单耳高领黑陶罐

新石器时代晚期
高 17.7 厘米　腹径 14.1 厘米
西藏自治区拉萨市曲贡遗址出土
西藏博物馆藏

黑陶器在曲贡遗址所出土的陶器中有大宗发现。此件陶器壁薄，最薄处仅 1.5 毫米。陶器制法为手制，有慢轮修整的痕迹，造型比较规整，器物表面打磨十分光滑。

猴面陶塑

新石器时代晚期
高 4.5 厘米
西藏自治区拉萨市曲贡遗址出土
西藏博物馆藏

这件陶塑的猴面贴附于夹砂黑陶片表面，猴子面容清晰，形象生动，眼睛、鼻孔、嘴均以锥刺出。这件陶塑猴面装饰，表明曲贡人可能有猴崇拜的传统。猴在藏族人看来是神圣的动物，《西藏王统记》中记载，传说藏族先祖是猕猴与岩魔女结合所生的后代，猴经采集和种植两个发展阶段而进化为人。这个传说虽然混杂了一些佛教因素，但传说产生的时代应当是很早的，这件陶塑猴面的发现，有可能将这一传说的起源追溯到史前时代。

铁柄铜镜

早期金属时代
长 18 厘米　径 9.5 厘米
西藏自治区拉萨市曲贡遗址出土
西藏博物馆藏

这枚带柄镜可能为西藏本土制造，抑或通过与周邻的贸易、交换、贡纳或战争掠夺等方式获得。即使为西藏本土制造，其形制样式也有可能是模仿西方系统带柄镜的意匠。属于西方系统的带柄镜在西藏北面的新疆，西面的中亚、南亚，东南面的四川、云南都有过发现。通过分析这种带柄镜的文化因素来源，可推测古代西藏与周邻地区文化间曾经有过紧密的交往与联系。

藏族起源传说唐卡

清

通长 181 厘米　宽 91.5 厘米

画心长 92.5 厘米　宽 63.5 厘米

西藏博物馆藏

二、部落联盟

从新石器时代到松赞干布统一吐蕃前，青藏高原分布众多部落，并逐渐发展为部落联盟，其中象雄、苏毗和雅砻部落在藏民族的形成和吐蕃统一的历史进程中发挥了重要作用。

阿里地区札达县大石文化遗址　夏格旺堆摄

阿里象雄穹隆银城遗址　夏格旺堆摄

象雄部落

象雄的中心位于今天西藏西部的阿里地区，是形成年代较早的部落联盟。发源于象雄的苯教，对于之后藏文化的发展具有深远的影响。象雄鼎盛时期对西藏大部和今克什米尔地区的控制，促进了西藏与内地乃至中亚地区的文化交流。阿里地区故如甲木墓地和曲踏墓地考古发掘成果显示，象泉河上游地区是古代象雄部落统治的核心地区，也是整个阿里地区人口最为集中、经济文化最为发达的地区。以喜马拉雅山西段为中心的广阔地区，在文化上具有多样性的同时，也具有相当多的共性。

天珠

3 世纪

长 2.85 厘米　最大径 0.9 厘米

西藏自治区阿里地区札达县曲踏墓地出土

西藏自治区阿里地区札达县文物局藏

天珠，藏语称“瑟”（Gzi），藏族先民认为其是天降之物，具有驱邪避祸等功能，因此冠以“天珠”之名。天珠是以蚀花工艺制成的玛瑙珠，制作历史可追溯到公元前 2000 年，制作中心在美索不达米亚和印度等，后经西亚至印度或从中亚经于阗传入西藏地区。2014 年在阿里曲踏墓地出土的这颗马齿纹天珠是西藏地区目前考古发现年代最早的天珠。藏民族对天珠的珍视和喜爱延续至今，常单独佩戴或作为嘎乌等项饰的点缀出现。

黄金面具

3 世纪

长 14.6 厘米　宽 14.5 厘米　厚 0.01 厘米

西藏自治区阿里地区札达县曲踏墓地出土

西藏自治区阿里地区札达县文物局藏

该面具于 2009 年在阿里札达县曲踏墓地出土，由冠部和面部两部分连缀而成，背后衬有多层丝织物。曲踏墓地位于西藏西部古象雄国的范围，同时出土的还有其他几件黄金面具，反映出象雄部落可能存在覆面的葬俗。以黄金面具作为随葬品这一文化现象广泛存在于当时的欧亚大陆范围，研究认为早在距今 2000–1800 年前，西藏西部地区已经频繁地与新疆、南亚次大陆联系，并通过新疆与中原、中亚和欧亚草原产生互动和交流。

雅砻部落

继象雄之后，以山南雅砻河谷为中心兴起悉补野部落联盟。雅砻悉补野部落以聂赤赞普为第一任王，随着部落联盟的发展逐步兼并苏毗、象雄等其他部落，形成超越血缘氏族的联盟，建立"吐蕃"政权。"蕃"即今天藏语中对藏族的自称"bod"（博巴），可见藏族的形成与吐蕃政权的建立有着密切关系。

金佩饰

（筒形饰 1 件、盔饰 1 件、耳饰 2 件、马形牌饰 5 件、长方形牌饰 3 件，共计 12 件）

距今约 2000 年
筒形饰：长 7.3 厘米　最大筒径 2 厘米；
盔饰：直径 10.5 厘米　厚 0.06 厘米；
耳饰：长 3.8 厘米　宽 2.2 厘米；
马形牌饰：长 4.4–4.7 厘米　宽 2.3–2.4 厘米；
长方形牌饰：长 7 厘米；
西藏自治区山南市浪卡子县出土
山南市博物馆藏

西藏地区开采金矿的历史可追溯到公元前 6– 前 5 世纪。吐蕃王朝时期，西藏本土的金器工艺已很发达，史书中屡见吐蕃将黄金制品礼赠给唐王朝的记录。与文献可查的记载相比，西藏地区传世和考古发现的早期金器则十分罕见。2000 年 4 月，在山南浪卡子县贡布雪乡查加沟古墓葬清理出土了 17 件金饰，是西藏地区首次考古发现的一批金器，年代距今约 2000 年。出土金器采用模铸、锤揲和掐丝等工艺制成，从其纹饰和工艺推断，与当时北方草原游牧民族鲜卑系统的遗存具有相似性，反映出当时青藏高原腹地与其北部的草原地区已存在文化交往。

夹砂红陶双耳罐

早期金属时代（距今 2000–1800 年）
高 18.5 厘米　口径 6.3 厘米
腹径 14 厘米　颈高 3 厘米
西藏自治区山南市洛扎县拉康镇厅村墓葬出土
山南市博物馆藏

黑陶刻划纹单流带鋬罐

早期金属时代（距今 2000–1800 年）
高 10 厘米　口径宽 8 厘米　口径长 10 厘米
腹径 10 厘米　颈高 3 厘米
西藏自治区山南市雅砻沟出土
山南市博物馆藏

夹砂黑陶高足单耳杯

早期金属时代（距今 2000–1800 年）
高 19 厘米　口径 7.5 厘米　腹径 11 厘米
足高 9 厘米　底座直径 7.5 厘米
西藏自治区山南市洛扎县拉康镇厅村墓葬出土
山南市博物馆藏

束颈彩绘尖底瓶

早期金属时代（距今 2000–1800 年）
高约 30 厘米
西藏自治区山南市乃东区结巴乡结莎墓地出土
山南市博物馆藏

陶瓶为红褐色陶土制成，器形规整，器表光滑，纹饰精美，颈部有两组横向刻划纹，腹部装饰两组相对的几何纹。两侧有耳，可将绳子穿过，将陶器背在身上，方便携带，兼具了美观和实用功能。

高足鼓腹带流罐

早期金属时代（距今 2000–1800 年）
高 33 厘米　口径 9.4 厘米
腹径 12 厘米　底径 8.3 厘米
西藏自治区山南市扎囊县顶布钦墓地出土
山南市博物馆藏

陶罐为红褐色陶土制成，器形复杂，制作精美，颈部、腹部分别饰一圈刻划纹，高足上装饰一圈附加堆纹和一圈几何纹。山南雅砻河谷发现的陶器类型较为丰富，且普遍比西藏其他地区同一时期的陶器精美，不难推测山南作为西藏文明的发祥地，在早期金属时代已经发展成西藏政治经济文化的中心。

红陶鸭嘴流单錾罐

吐蕃时期
高 9 厘米　口径宽 8 厘米
口径长 13.5 厘米　腹径 11 厘米
西藏自治区山南市雅砻沟出土
山南市博物馆藏

圜底带流双耳罐

吐蕃时期
高 13.5 厘米　口径 10.5 厘米
颈高 4 厘米
西藏自治区山南市洛扎县拉康镇厅村墓葬出土
山南市博物馆藏

黑陶单流圜底罐

早期金属时代（距今 2000–1800 年）
高 21 厘米　口径 7 厘米
腹径 16 厘米　颈高 7 厘米
西藏自治区山南市雅砻沟出土
山南市博物馆藏

吐蕃时期的孜孜荣岩画，位于拉萨市墨竹工卡县　夏格旺堆摄

山南市琼结县邦嘎遗址核心区　夏格旺堆摄

雍布拉康北向南　夏格旺堆摄

第二单元

高原天路

自然环境的阻隔挡不住人们交往的脚步。

青藏高原北接河西走廊与新疆，

西南连接中亚、南亚，东与巴蜀为邻，

那些高山峡谷、

河道山口自古是人们活动的重要通道。

中印之间，

西藏地方与内地乃至周边国家地区之间的文化交流，

通过高原天路源远绵长。

一、高原丝路

高原丝绸之路，不是某一条商路，而是在不同时期古代西藏与中原及周边国家（地区）之间联系的交通路网。唐蕃古道、吐蕃—泥婆罗道，乃至唐宋以后的茶马古道等古代交通道路都是高原丝路的组成部分。通过这些道路，古代西藏与周边国家保持着政治、经济和文化的往来。

兽首胡人纹鎏金银壶（复制品）

吐蕃时期（约 7 世纪）

高 90 厘米　壶身周长 54 厘米　壶底周长 34 厘米

大昭寺藏

这件供奉在拉萨大昭寺内的银壶，用银片锤揲而成。银壶上端开有圆口，口缘饰八曲纹；口沿的下方做成空心立体羊首，羊首前端上下唇间衔有一个圆管形小流，羊首下为喇叭状的细颈；颈下部接球形壶身，壶身錾刻有生动活泼的两组单人弹琵琶和组合人像：单人弹琵琶呈反弹琵琶的姿态，与敦煌壁画中的反弹琵琶如出一辙；组合人像中，一位系有"鞶囊"的壮汉正在弯腰扶持一长须醉汉，另一位穿着高靿靴的青年男子屈蹲在醉汉的胯下，抱持其右足。五世达赖喇嘛在其撰写的《大昭寺目录》中讲到"dnguldamrtamgoma"，即马头银圣壶，系宗喀巴大师掘藏圣物，而更多的研究人员认为这是一件珍贵的吐蕃银器。

唐蕃古道与吐蕃—泥婆罗道

唐蕃古道是连接唐朝首都长安（今西安）和吐蕃首府逻些（今拉萨）的古代交通要道，承载了中原与西藏地区的频繁交往。641 年文成公主与吐蕃赞普松赞干布成婚，不久后，逻些经吉隆通往泥婆罗（今尼泊尔）的道路开通，唐蕃古道得以延伸，成为中原通往青海、西藏，并与南亚尼泊尔和印度之间开展经济文化往来的国际通道。

“王侯”汉字织锦

3 世纪
长 44 厘米　宽 25 厘米
西藏自治区阿里地区噶尔县故如甲木墓地出土
故如甲寺藏

2012 年出土于阿里噶尔县故如甲木墓地，发现时包裹在墓主人的头骨部位。此件丝织品为平纹经锦，藏青色地上织黄褐色纹饰，因织有鸟兽纹和汉字“王侯”而得名。墓葬的年代相当于中原的东汉西晋时期，是迄今为止青藏高原地区发现年代最早的丝织品，同样纹饰的丝织品在新疆地区也有出土。考古学者推测故如甲木墓地出土的这类丝织品应为内地制造，这为研究当时西藏西部地区与内地的经济文化交通路线提供了实物证据。

中尼边境吉隆石刻《大唐天竺使之铭》拓片

唐高宗显庆三年（658）

西藏博物馆藏

文成公主与松赞干布和亲之后，唐经由尼泊尔至印度的通道打通，据《大唐西域求法高僧传》记载，此后赴印度求法的高僧不再走玄奘西行时经过葱岭（今帕米尔高原）的路线，而从吐蕃至尼泊尔的“吐蕃—泥婆罗道”直接抵达印度。《续高僧传》卷四《玄奘传》记载：“使既西返，又敕王玄策等二十余人，随往大夏……并就菩提寺僧召石蜜匠。乃遣匠二人僧八人，俱到东夏。”石蜜，即冰糖，王玄策出使印度，带回制作冰糖的匠人时所经过的道路正是这条“吐蕃—泥婆罗道”。

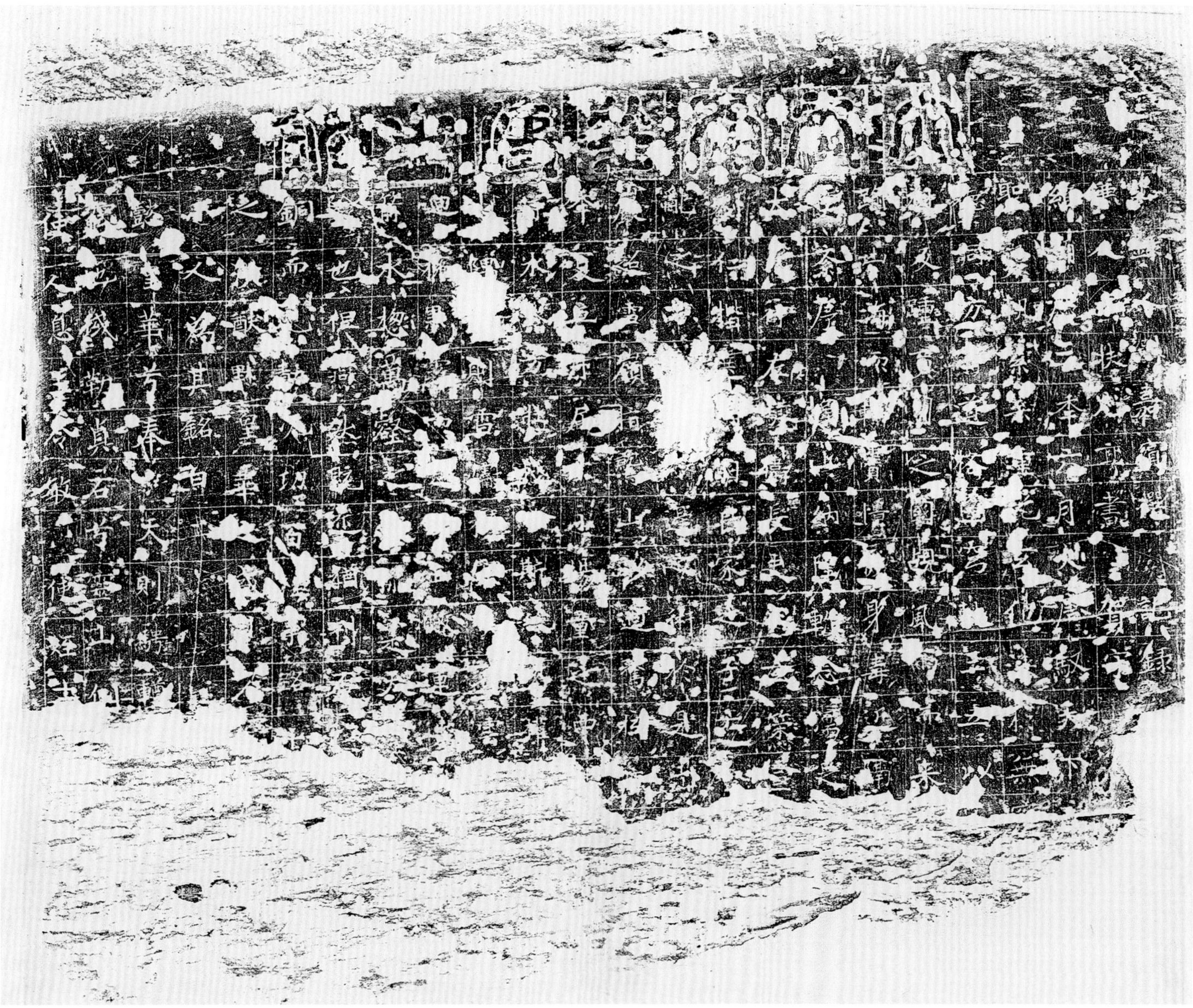

二、茶马互市

由于藏族的饮食习惯中肉食较多，饮茶成为补充水分、获取维生素的主要手段。而马匹则是中原地区生产和军事需要的重要物资。茶马互市联系起了西藏与中原之间的商贸交往，绵延的高原丝路更向西连起了西藏与印度，乃至更远的中亚。

铜马脖铃
当代
长 119 厘米
西藏博物馆藏

铜马脖铃
当代
长 52 厘米
西藏博物馆藏

毛质马垫

当代

长 117.5 厘米　宽 78.5 厘米

西藏博物馆藏

铁镀金马镫

当代

高 17 厘米　宽 14.4 厘米

西藏博物馆藏

茶叶

3 世纪
长 8 厘米　宽 5.5 厘米
西藏自治区阿里地区噶尔县故如甲木墓地出土
故如甲寺藏

考古发现的“疑似茶叶”出土时已呈黑色团状，经测定内含只有茶叶才具有的茶叶植钙体和丰富的茶氨、咖啡因等成份，因而可以确定这些植物遗存都是茶叶。据碳 -14 测年，其年代为距今 1800 年左右，与陕西西安汉代遗址发现的茶叶并称为迄今中国考古发现的最早的茶叶实物。故如甲木出土的茶叶表明，至少在 1800 年前，茶叶已经通过古丝绸之路的一个分支，被输送到海拔 4500 米的西藏阿里地区。

青铜茶锅

3 世纪
高 12.9 厘米　口径 25 厘米
西藏自治区阿里地区噶尔县故如甲木墓地出土
故如甲寺藏

皮质碗套

20 世纪

口径 19 厘米　底径 7 厘米　高 13.6 厘米

西藏博物馆藏

此碗套专为装高足碗而特制，通体皮质素面，套身两侧各有穿带把手，便于随身携带。藏族有一句谚语叫“刀碗配套不离身，友或仇人随时见”，刀和碗或装在大袍前兜，或装在背包，或装在专门制作的碗套里，一刻不离身。从而各式各样的碗套应运而生。

皮质茶盐袋

20 世纪

直径 20 厘米

西藏博物馆藏

白铜茶叶罐

民国

通高 17 厘米　底径 5 厘米

西藏博物馆藏

白铜茶壶

20 世纪

通高 25 厘米　底径 14 厘米

西藏博物馆藏

银质錾花多穆壶

清

高 43.5 厘米　口径 11 厘米　底径 9.5 厘米

布达拉宫管理处藏

“多穆”原意为盛酥油的桶，加把与凤首流呈壶状，是藏族和蒙古族必备生活用具。

嵌宝石金茶壶

清

通高 33 厘米

西藏博物馆藏

藏族人自幼喜爱喝酥油茶，在西藏的每户家庭中，可以看到不同材质的茶壶。此件茶壶以黄金打造，在众多的金属茶壶中堪称上乘之作。用黄金等贵重金属做茶具，除显示富贵外，还具有消毒功能。在旧时西藏，唯有宗教领袖和世家贵族才能拥有这类制作精美的金茶壶。

浮雕吉祥八宝纹带盖银壶

清

通高 36 厘米　宽 45 厘米　底径 14.5 厘米

罗布林卡管理处藏

酥油壶是藏族人日常不可或缺的生活用品。此件藏式酥油壶，由藏族工匠手工铸造，壶身浑圆鼓腹，向壶底收敛，壶体和壶盖用白银制成，壶口、壶流、壶把以黄金浮雕吉祥八宝纹、龙头等，装饰华丽，雕工精致，极具地域特征。壶底用藏文详细刻有“藏历土鼠年，从布达拉宫大御膳房分到的银质大盘因使用过久而磨损，为此，增加金银材料后格桑颇章前由雪堆白重新制作此件。其用材为八十三两银子，流、底、把、头用金三十半两”字样，为西藏贵族专用。

嵌宝石金索拉

清

高 35 厘米

西藏博物馆藏

此器为盛食器，在藏语中称之为“索拉”。索拉有金、银、铜、木等多种质地，多用于寺院中为僧众供食，一般在特定的重要法事活动或他人给寺院僧众进行布施时用来盛食，常用来盛人参八宝饭。该器圈足内壁刻有一圈藏文铭文，意为“藏历火猪年，由雪堆白工艺坊新铸的布达拉宫御膳房的物件。重量为 116.11 克，资金由原布达拉宫管家提供”。

银质龙纹八宝盖盒

清

直径 48 厘米　高 16.5 厘米

西藏博物馆藏

银錾花碗盖、盏托及青花瓷碗（男式）

清

通高 17 厘米　盏托底径 5.5 厘米

西藏博物馆藏

金錾花碗盖、盏托及矾红彩瓷碗（女式）

清

通高 21 厘米　盏托底径 6 厘米

西藏博物馆藏

藏族贵族服饰

清

衣长 153 厘米　宽 262 厘米

布达拉宫管理处藏

第三单元

雪域佛韵

许多人前往西藏，

是想远离尘世喧嚣，

为心灵寻找一片净土。

雪域高原上不仅有纯美的自然风光，

还有庄严的寺庙和虔诚的信徒。

佛教如何成为藏民族的信仰，

又为何呈现风格迥异的宗教艺术，

佛教在西藏的传播经历了怎样的历程。

一、吐蕃王朝与佛教初传

松赞干布任赞普期间，统一各部，建立吐蕃王朝，并派吞米·桑布扎等学者赴印度学习，创制藏文。同时为了建立新的政权秩序，摆脱此前吐蕃政权被苯教影响的局面，从印度及中原引入佛教，并以法律形式颁行佛教，造成佛苯之间产生相争的局面。在宗教斗争的表象下，是新旧政治势力的角逐。

拉萨大昭寺释迦牟尼佛十二岁等身像

铜鎏金松赞干布像

清

通高 25.5 厘米　底长 15 厘米　底宽 11 厘米

罗布林卡管理处藏

松赞干布（617？ –650），吐蕃第三十三代赞普，吐蕃王朝的缔造者。松赞干布先后迎娶泥婆罗（今尼泊尔）尺尊公主、唐文成公主入蕃，并修建大昭寺、小昭寺等重要寺庙。这尊松赞干布像头巾上露出阿弥陀佛佛头，以显示松赞干布是观音菩萨的化身，此像为“雪堆白”制作的造像。

铜鎏金松赞干布及二妃像

清

通高 20 厘米　通宽 24 厘米　底径 9 厘米

扎什伦布寺藏

此像由一根莲花茎生出三朵莲花台，中间一尊为松赞干布，两侧分别为尼泊尔尺尊公主和唐文成公主。传说尺尊公主将释迦牟尼八岁等身像、文成公主将释迦牟尼十二岁等身像带入西藏。今天供奉于拉萨大昭寺的释迦牟尼等身像即为文成公主带入西藏。

纸本魔女仰卧图唐卡

民国

画心长 155 厘米　宽 85 厘米

西藏博物馆藏

传说文成公主虔信佛教，且精通天文地理，深谙五行和风水堪舆。文成公主嫁入吐蕃后，据她的观察，吐蕃地形犹如仰卧的罗刹女。拉萨东南的卧塘湖是罗刹女的心脏，需填湖建寺予以镇压，方能保持吐蕃佛教的昌盛，于是修建了大昭寺。根据文成公主的建议，还在罗刹女的十二个关节部位历代先后修建了十二座寺院，以资镇服。这个传说反映了文成公主对吐蕃佛教发展的积极推动作用，以及藏族人民对文成公主的敬仰和爱戴之情。

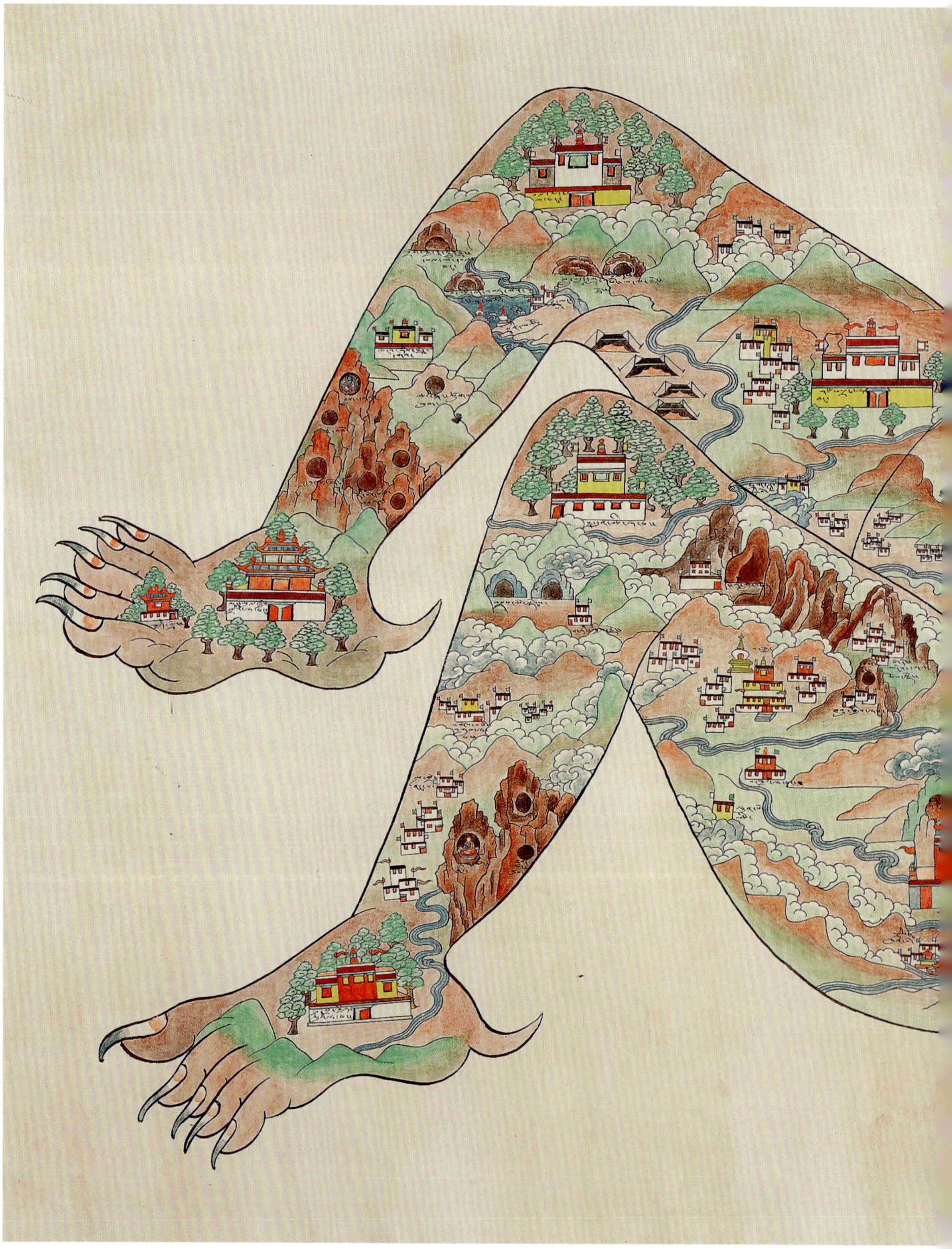

铜鎏金弥勒佛像

北魏和平三年（462）

高 28 厘米　底宽 14.5 厘米

布达拉宫雪城珍宝馆藏

这尊弥勒佛像与释迦牟尼像造型一致，底座背后的铭文记录年代为北魏和平三年，并写明此尊像为弥勒佛。这尊来自于内地的佛像表明了吐蕃在接受佛教的过程中，不只接受了印度佛教，同时还接受了汉传佛教，体现了吐蕃对内地文化的认同。反映了西藏地区佛教并非单纯外来，而是从一开始就受到了汉化的佛教影响。

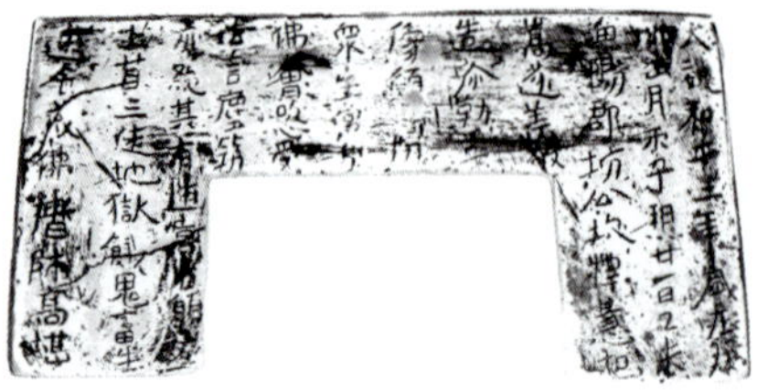

合金释迦牟尼立像

8 世纪

通高 63 厘米　宽 22 厘米

西藏博物馆藏

此尊释迦牟尼像为克什米尔类型造像，螺发，高鼻梁，通体鎏金。通肩袈裟衣纹呈 U 形排列，呈现出湿衣贴体的效果，衬托出强壮的身体肌肉，显示出受犍陀罗艺术的影响。佛教初传入吐蕃时，除中原造像艺术之外，东印度帕拉造像、尼泊尔造像、斯瓦特造像、克什米尔造像，乃至新疆于阗的造像都对吐蕃佛教艺术产生过影响。

克什米尔古称罽宾，位于喜马拉雅山西侧，东临我国新疆、西藏，连接中亚、南亚、东亚，历史上是联系东方与西方的桥梁，文化交流汇聚之地。受地方传统和文化交流的影响，克什米尔造像呈现复合形式，既有犍陀罗的影响，又有印度笈多艺术和萨珊波斯的文化痕迹。

布画祖孙三代法王像唐卡

清

通长 193 厘米　宽 162 厘米

画心长 143.5 厘米　宽 90 厘米

西藏博物馆藏

吐蕃第四十二代赞普赤热巴金（赤祖德赞）是历代最为笃信佛教的赞普之一，在任期间改进佛教用语、厘定词汇、修正经典，并开办学院对喇嘛进行有组织的宗教专门教育，建立僧伽制度。因推行佛教功绩显赫，松赞干布、赤松德赞、赤热巴金三人被称为“祖孙三大法王”。

赤德祖丹任赞普时期，为推行佛教派人到山西五台山取经。775 年，赤松德赞执政时期在印度高僧莲花生、寂护大师的主持下，西藏第一座佛、法、僧俱全的寺庙——桑耶寺建成。

桑耶寺

二、吐蕃分治与佛教复兴

吐蕃上层社会推行的佛教，由于压制了苯教传统，使佛教在传播中受到保守势力的抵抗，在民众中缺乏信仰基础。第四十三代赞普朗达玛执政时期开始推行灭佛运动。842 年，随着达玛被刺，吐蕃王室随之分裂。王朝的瓦解与战乱让佛教又找回了生存的空间，苯教对佛教的利用，以及佛教已融入了苯教及民族文化，使佛教以多种教派的方式在雪域高原传播，客观上促进了佛教的民族化。

逃至阿里地区的吐蕃王室后裔，建立起古格王国。古格王迎请印度阿底峡尊者于 1042 年到西藏重弘佛法。在此之前，青海保存的佛教传统也开始向西藏传播，开启了佛教在西藏的复兴。西藏逐步恢复了佛教传统。

木雕宝座配件

13–14 世纪
长 70 厘米　宽 25 厘米　厚 5.5 厘米
西藏自治区日喀则市江浦寺采集
西藏博物馆藏

吐蕃分治后，在佛教的复兴过程中由青海、阿里两地区分别向卫藏传回佛法，佛教史称之为“下路弘法”和“上路弘法”。此件木雕为日喀则江浦寺在下路弘法时期建造的佛像宝座上的配件。

藤盾

13–14 世纪

直径 78 厘米

西藏自治区阿里地区札达县托林镇古格故城出土

西藏博物馆藏

铜鎏金阿底峡大师像

清

高 31 厘米　底长径 22 厘米

布达拉宫管理处藏

阿底峡（982–1054），印度僧人。古格王朝国王益西沃笃信佛教，为复兴西藏佛教，在战败被俘后遗嘱后人迎请阿底峡到西藏弘法。1042 年，阿底峡到阿里，1047 年到桑耶寺，此后到聂塘传法，与弟子在卫藏地区翻译经典，弘扬佛教 13 年。

合金阿閦佛像

12–13 世纪

高 26 厘米　底长径 16.1 厘米

罗布林卡管理处藏

阿閦佛为五方佛之一，又称“不动佛”“不动如来”，为藏传佛教金刚界五智如来中的东方如来，代表大圆镜智，亦称金刚智。此尊阿閦佛，五莲瓣佛冠高耸，双目睁视，眉间施白毫，双耳两侧宝缯与佛冠相连，衣纹简洁，右手呈触地印，左手呈禅定印，结跏趺坐于莲花宝座上，眼睛和胸饰嵌银，为典型的古格造像。

文殊菩萨擦擦

12–13 世纪
高 7 厘米 宽 5.5 厘米
西藏自治区阿里地区札达县托林镇古格故城出土
西藏博物馆藏

静息观音擦擦

12–13 世纪
高 7 厘米 宽 6 厘米
西藏自治区阿里地区札达县托林镇古格故城出土
西藏博物馆藏

佛塔擦擦

12–13 世纪
高 10 厘米 底径 10 厘米
西藏自治区阿里地区札达县托林镇古格故城出土
西藏博物馆藏

印度帕拉类型造像

印度帕拉类型造像始于7–12世纪，8–12世纪时因受到印度帕拉王朝的扶植而得名，由于帕拉王朝位于印度东南（约今孟加拉国所在地），也称东印度风格。对吐蕃造像构成重要影响的是7–9世纪帕拉造像的风格，表现为五官清晰、深眼窝，直鼻梁，双唇紧闭的面容。总体造型宽肩细腰，衣薄贴体，躯体略显僵直。

铜莲花手菩萨立像

11–12 世纪

通高 18.8 厘米　宽 6.7 厘米

敏珠林寺藏

合金大日如来像

10–11 世纪
通高 25 厘米　宽 8.7 厘米
西藏博物馆藏

大日如来属于五方佛之一，按照佛经，其所处位置在须弥山正中央。此尊大日如来造像设计独特，大日如来报身像，宝饰严身，双手结无上菩提印，结金刚跏趺坐于一朵盛开的象征着已升至佛位的莲花之上。

尼泊尔类型造像

7世纪后，尼泊尔民族意识得到增强，改变了对印度艺术的模仿，加入了本民族审美因素，造像以密宗风格为主，女性特征明显。尼泊尔与吐蕃接壤，历史上尼泊尔造像不断传入西藏，更有尼泊尔工匠入藏制作佛教造像。12世纪东印度佛教艺术终结后，尼泊尔造像成为影响西藏造像艺术的外来风格中的主流。

合金地藏菩萨立像

元

通高 29.5 厘米　底宽 11 厘米

罗布林卡管理处藏

地藏菩萨为随佛八大弟子之一，原是印度神话中婆罗门教的大地之神，后被佛教纳入信仰体系。此尊菩萨，头戴三叶冠，双目低垂，上身袒露，下身着裙，斜挎圣带，左手捏裙角，右手自然下垂持宝珠，站立于莲花宝座上。造像身躯浑实，衣着简洁，莲瓣上下交错，纹路形如“川”字。

铜度母像

10–13 世纪

通高 21 厘米　宽 8 厘米　厚 7.5 厘米

首都博物馆藏

铜鎏金观音菩萨像

9–10 世纪

通高 37 厘米　宽 30 厘米

西藏博物馆藏

这件观音菩萨造型独特、优美，胎体厚重，为红铜合金材质，硕大的三叶宝冠，粗壮厚实的宝饰及其一次性完成的铸造工艺，都具有比较明显的早期尼泊尔造像艺术特征。

铜鎏金弥勒菩萨立像

13 世纪

通高 63.5 厘米　底径 20 厘米

首都博物馆藏

铜鎏金莲花手菩萨立像

13 世纪

通高 64 厘米

首都博物馆藏

铜鎏金金刚手菩萨立像

13 世纪

通高 62 厘米

首都博物馆藏

铜鎏金金刚手菩萨立像

13 世纪

通高 65 厘米

首都博物馆藏

三、藏传佛教的发展

佛教再次在西藏传播时，吐蕃王朝已经瓦解，各地区出现不同教派，佛教产生多元的形态，并在西藏民族化、本地化，形成藏传佛教。藏传佛教的发展离不开西藏与周边乃至中原地区的联系，凝聚着西藏各族人民的智慧。

宁玛派

宁玛派形成于11世纪，“宁玛”在藏语中是“古旧”之意，宁玛派即“古派”。宁玛派认为其教理、仪轨传承自8世纪时的莲花生大师。宁玛派僧人戴红色僧帽，因而该派又被称为“红教”。

敏珠林寺建于10世纪末，位于西藏自治区山南市扎囊县境内，是宁玛派六大寺庙之一。敏珠林寺以注重研习佛教经典、天文历法、书法修辞及藏医、藏药等而闻名全藏，历年的《藏历年表》均出于此。现为全国重点文物保护单位。

铜鎏金莲花生大师像

清
高 35.5 厘米
首都博物馆藏

莲花生大师，印度佛教史上最伟大的大成就者之一，藏传佛教的主要奠基者。8世纪，应藏王赤松德赞迎请入藏弘法，成功创立了西藏第一座佛、法、僧三宝齐全的佛教寺院——桑耶寺。莲花生创建显密经院及密宗道场，开创了在家出家的两种受天人供养的仪轨范式，奠定了西藏佛教的基础。

铜鎏金忿怒莲师像

清

高 27 厘米

北京嵩竹寺东门墙壁出土

首都博物馆藏

萨迦派

萨迦派，是藏传佛教的重要宗派之一。该宗派由昆·贡却杰布（1034-1102）创立于11世纪初。道果法是藏传佛教萨迦派有关悟道证果的佛学理论及其实修法门，源于印度。13世纪随印度佛教的衰落而失传，只在藏传佛教萨迦派中得到保存和弘扬。1073年，该教派祖寺萨迦寺建立，位于今西藏自治区日喀则市萨迦县，因其所在地呈灰白色，故得名“萨迦”，藏语意为“白土”。寺院围墙涂有象征文殊、观音和金刚手菩萨的红、白、蓝三色花条，故又称“花教”。萨迦寺现为全国重点文物保护单位。

木质经夹板

明

上夹板长72.5厘米　宽29厘米

下夹板长72厘米　宽27厘米

萨迦寺藏

铜鎏金毗瓦巴像

明

高 100 厘米　底长径 75 厘米

敏珠林寺藏

毗瓦巴是活跃于 9 世纪的印度佛学大师，萨迦派道果法的实际创始人。传说毗瓦巴学佛法多年无成就，在行将放弃时在佛母教诲下大悟。此像的莲花座上铺有兽皮，象征在家修行。

铜鎏金扎玛日巴像

明

高 107 厘米　底长径 95 厘米

敏珠林寺藏

扎玛日巴，古印度著名瑜伽士，是萨迦派道果法第二位传承人，由他将道果法传给阿瓦都帝巴。“扎玛日巴”意为“持法鼓的人”。此像右手高举，应持有法鼓，今已佚。

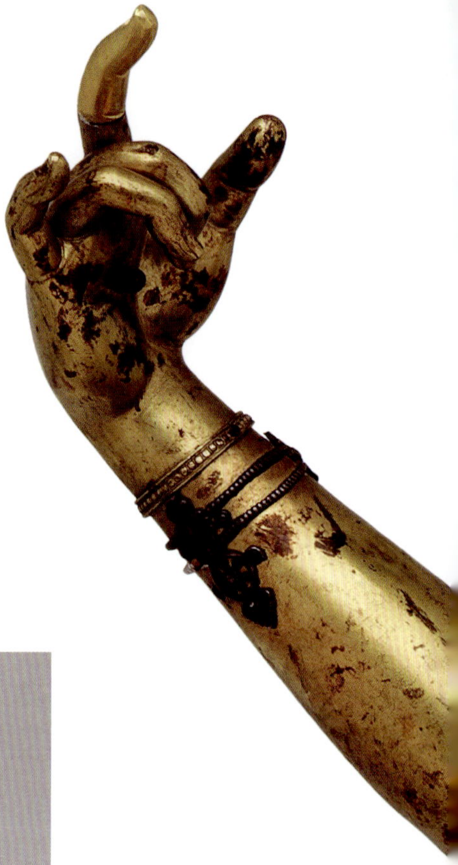

铜鎏金阿瓦都帝巴像

明

高 98 厘米　底长径 80 厘米

敏珠林寺藏

阿瓦都帝巴，萨迦派道果法第三代传承人。因为他常被看到与孩童为伍，很多造型都将他塑成带有孩童气息的形象。这尊像人物面部描绘精致而生动，眉须均为细笔描绘。

铜鎏金扎巴坚赞像

明

高 101 厘米　底长径 85 厘米

敏珠林寺藏

扎巴坚赞（1147–1216），萨迦派道果法传承人之一，八思巴就是从他的弟子传承而来。扎巴坚赞出生于豪族家庭，天资聪慧，从小跟随父兄学习佛法，悟性极高。出家僧人穿红衣，而未出家者则身着“白衣”。此像应是扎巴坚赞在家修行时的形象。

噶当派

噶当派的奠基人，是古格王国时期从印度迎请的著名佛教大师阿底峡（982-1054）。阿底峡应西藏阿里古格王之请，于1042年来到阿里，1045年到达卫藏，在桑耶、拉萨、叶巴、聂塘等地弘法。“噶”藏语意为“佛语”，“当”藏语意为“教授”，即主张所有的行为修持均按照佛语作为指示，15世纪兴起的格鲁派即在噶当派教义基础上发展而成，噶当派寺庙也大多转为格鲁派寺庙。

噶当派主要寺庙之一的纳塘寺，是西藏最早的印经院之一，位于西藏自治区日喀则市西南那塘村，现为自治区级文物保护单位。

噶当塔

11–13世纪

高25厘米

西藏博物馆藏

噶当塔为佛塔的一种，以铃铛形塔身为特征，相传为11世纪印度高僧阿底峡传法时首次传入。因流行于阿底峡弟子仲顿巴所创立的噶当派盛行时期，被称之为“噶当塔”。

合金四臂大黑天像

元

高 42 厘米　底长 31.2 厘米

西藏博物馆藏

大黑天藏语称为“Mgon-Po”，意为怙主（保护神），是藏传佛教各大宗派里相对共通的神灵，他有几种化身，均属于忿怒相。噶当造像受东印度风格影响，部分学者认为与同时期的印度佛像关系密切，造像主要用天然铜与金银合金，紫铜合金，及八种金属合金材料浇铸，质量很高，工艺精湛，将这一风格归结为噶当金铜造像。

底座

噶举派

“噶举”藏语意为“佛语传承”，俗称“白教”，是藏传佛教中支派最多的一个教派。噶举派的教法有两大系统：一是直接从玛尔巴（1012-1097）并经米拉日巴（1040-1123）传承下来的达波噶举；二是由琼波南觉（1086-？）开创的香巴噶举。达波噶举后分四系八支，其中帕竹噶举于元至正十一年（1351）首领绛曲坚赞（1302-1364）统一卫藏，取代萨迦派并建立帕木竹巴政权。

丹萨梯寺位于西藏自治区山南市桑日县境内，雅鲁藏布江北岸，始建于1158年，是帕竹噶举最早的寺庙。丹萨梯寺现为全国重点文物保护单位，因其丹萨梯风格造像而在佛教艺术史上占有重要位置。丹萨梯造像的出现，标志着藏传佛教造像审美转向民族化的日趋成熟，造像镶嵌松石、珠宝，反映了民族审美在佛教造像中开始显著。

铜鎏金六臂佛母像

明

通高 27.5 厘米　底长径 24.5 厘米

西藏自治区山南市桑日县丹萨梯寺出土

丹萨梯寺藏

铜鎏金多闻天王立像

明

高 66 厘米

西藏自治区山南市桑日县丹萨梯寺出土

丹萨梯寺藏

夏鲁派

夏鲁派是藏传佛教的一支小教派，由布顿·仁钦朱（1290-1364）创立。布顿·仁钦朱早年学习绰浦噶举、噶当、萨迦等派教法，元仁宗延祐七年（1320）经日喀则地方封建主邀请到夏鲁寺做寺主，人们称布顿大师所传教派为夏鲁派。

夏鲁寺创建于1027年，位于日喀则市东南26千米，甲措雄乡的一个山坳中，寺庙建筑为藏式与中原建筑风格相结合，显示了西藏与中原文化的交融，现为全国重点文物保护单位。

铜鎏金时轮金刚像

明

高59厘米　底长径48厘米

夏鲁寺藏

14世纪，布顿·仁钦朱大师的出现，使夏鲁寺成为西藏境内时轮金刚的最大传习基地。这件铜鎏金时轮金刚造像的供奉，不会是偶然的出现与一种简单的巧合，而应该与该寺独特的教义传承有着密切关系。该造像经过分体铸造和细节设计的完美结合，造就了材质精良，体态优美，装饰精美，神韵十足的艺术典范。

格鲁派

格鲁派产生于15世纪初，由宗喀巴（1357-1419）建立，是藏传佛教中最后出现的教派。1642年固始汗推翻藏巴汗的噶玛政权，确立了格鲁派的领导地位。藏语“格鲁”意即“善律”，强调严守戒律，因僧帽为黄色而被称为“黄教”。

哲蚌寺位于西藏自治区拉萨市西郊，为格鲁派六大寺之一，由宗喀巴之弟子降央曲吉·扎西班丹于1416年创建。哲蚌寺甘丹颇章是五世达赖喇嘛迁往布达拉宫之前，西藏地方的政治中心。哲蚌寺现为全国重点文物保护单位。

铜鎏金宗喀巴大师像

清

高19厘米　底长径14.6厘米

布达拉宫管理处藏

宗喀巴大师是格鲁派创始人。出生于青海湟中县，他的出生地藏语为“宗喀”，所以称他为宗喀巴，意为在宗喀出生的人。宗喀巴法名为罗桑札巴，意为善慧。1409年，宗喀巴大师在拉萨创建甘丹寺，担任首位法台。1416年，其弟子降央曲吉兴建哲蚌寺。1418–1419年，其弟子绛钦却杰利用从明朝带回的大批赏赐物修建了色拉寺。甘丹、哲蚌、色拉三寺合称为拉萨三大寺，成为后来格鲁派六大丛林的中心寺院。

铜鎏金宗喀巴像

清

通高 15.6 厘米　底长径 11 厘米　底短径 9.1 厘米

承德市外八庙管理处藏

刺绣宗喀巴生平传唐卡

清

通长 196 厘米　宽 102 厘米

画心长 119.5 厘米　宽 67.5 厘米

西藏博物馆藏

格鲁派创始人宗喀巴大师的传记题材在 16 世纪以后的西藏唐卡当中较为常见，通常称其为“八十宗喀”，此类宗喀巴大师传记题材，多为绘画作品。此幅唐卡是在底布上以精细的刺绣工艺制作完成。

西藏风格造像艺术

元代正式开启了将西藏纳入中央政府管辖的历史，在宗教上将萨迦派奉为至上独尊。西藏地区在政治宗教上出现了统一听命于元中央政府委任的萨迦政权，这种统一局面使佛像艺术风格自元代开始朝着民族化和统一化的方向迈进。藏西、藏中、藏东各地在吸收尼泊尔艺术特征的同时，又相互借鉴和吸收各自的艺术因素和工艺特点。

铜财神骑狮像

清

高 26 厘米　底径 20 厘米

布达拉宫管理处藏

藏传佛教中财神的信奉十分普遍，此像为多闻天王形象，全身镶嵌绿松石，右手所持宝幢缺失，左手持握吐宝鼠，具有西藏中部风格。

合金法赞药师如来佛坐像

清

高 29 厘米　宽 18 厘米

罗布林卡管理处藏

八大药师佛，又称八大如来佛，解救众生于病痛与苦难，在大乘佛教和密教中都备受尊崇。此尊为八大药师佛之一的法赞如来，螺发，面部施金，双目低垂，鼻梁高耸，眉间施有白毫，座前以金粉书写藏文款“曲扎”。造像简洁精美，面相完美，比例匀称，色泽光亮泛紫，工艺精湛，为西藏中部造像风格。

期克印青衣手持金刚

明

高 15 厘米

故宫博物馆院藏

青衣手持金刚是忿怒手持金刚的另一个变化身。右手上举持杵，左手结期克印（密宗手印的一种），脚踏二印度教神。清宫所系黄纸签："大利益流崇干俐玛手持金刚，乾隆二十六年十二月初九日收，雍和宫换下"。"流崇干"是藏文音译，是 14 世纪末至 15 世纪初活跃在江孜和日喀则一代的来乌群巴活佛，在格鲁派来乌群巴寺有他的作坊。"流崇干俐玛"可能是以来乌群巴为代表的一类造像的统称。此像天衣飘摆于身体两侧，线条明快生动，为西藏借鉴明永宣风格造像艺术的代表。

铜观音立像

清

高 27 厘米　底径 8 厘米

罗布林卡管理处藏

观音菩萨是佛教中慈悲和智慧的象征，无论在大乘佛教还是在民间信仰，都具有极其重要的地位。此尊像上身不着衣，肩搭披帛垂落于双侧，璎珞在身前十字交叉，下身着裙，仿南北朝至隋代风格，为典型的中原内地风格造像。

佛教寺院不仅是僧侣修法的宗教场所，还承担着教育功能。其中，佛教所说的声明、因明、医方明、工巧明和内明被称为“五明学”，分别是语言学、逻辑学、医学药学、工艺生产和佛学。其中“工巧明”包括造纸、雕刻、印刷等工艺，精湛的技艺集中反映在各种经书上。此外，关于语言文学的修辞学、辞藻学、韵律学、戏剧学，以及历算学等被称为“小五明学”。佛教的思想与藏民族的生产生活实际相结合，产生了藏族特有的民族文化。

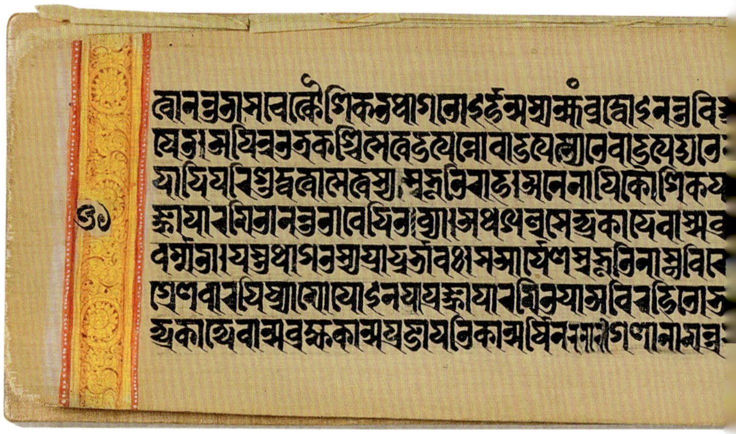

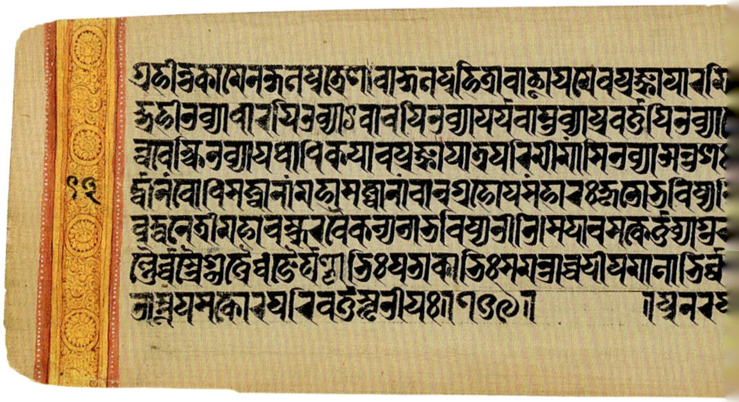

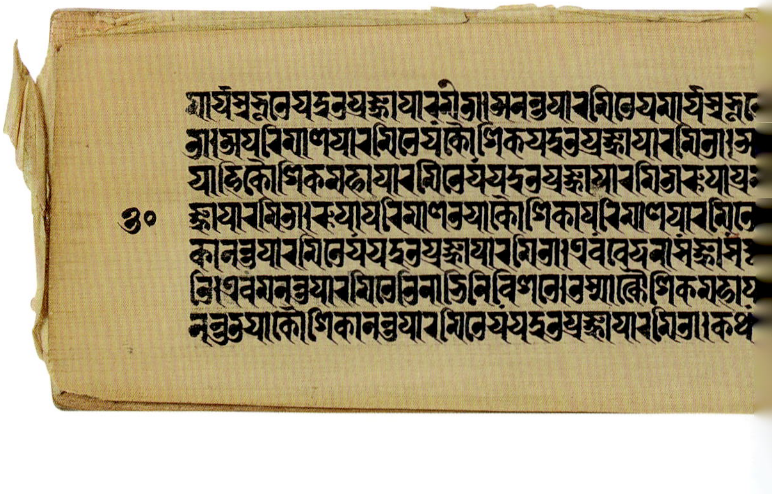

贝叶梵文彩绘《八千颂般若波罗蜜多经》

12 世纪

长 42 厘米　宽 7 厘米

西藏博物馆藏

贝叶经是指写在贝陀罗树叶上的经文，其内容包括古代印度的历史和宗教文化。根据经文、佛传题材的插图及其艺术表现形式，可以推断这部经书形成于 12 世纪前后，其内容为般若经。贝叶经，因其材质稀少、工艺复杂、形成历史久远，而被视为稀世珍宝。

蓝靛纸八宝汁书写《文殊正名曼陀罗仪轨无暇虚空》经书

清

长 63.1 厘米　宽 17.1 厘米

布达拉宫雪城珍宝馆藏

此经书是 18 世纪末由八世达赖喇嘛下令，按照日喀则纳塘寺版《丹珠尔》225 部版为蓝本修造的《丹珠尔》一部分，通称“八世达赖手抄本”。经页为蓝靛纸，纸张用蓝靛染色，涂羊脑，用天珠、砗磲等抛光；书写用墨汁为金、银、铜、铁、松石、珊瑚、青金石、海螺八种天然物制成。

上夹板

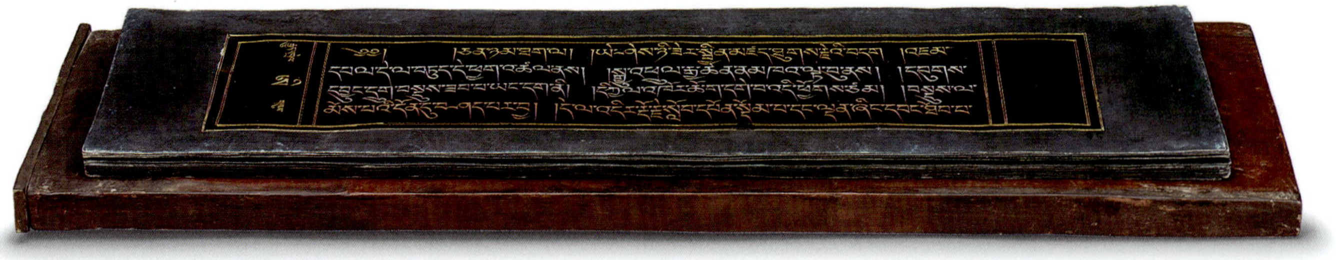

下夹板

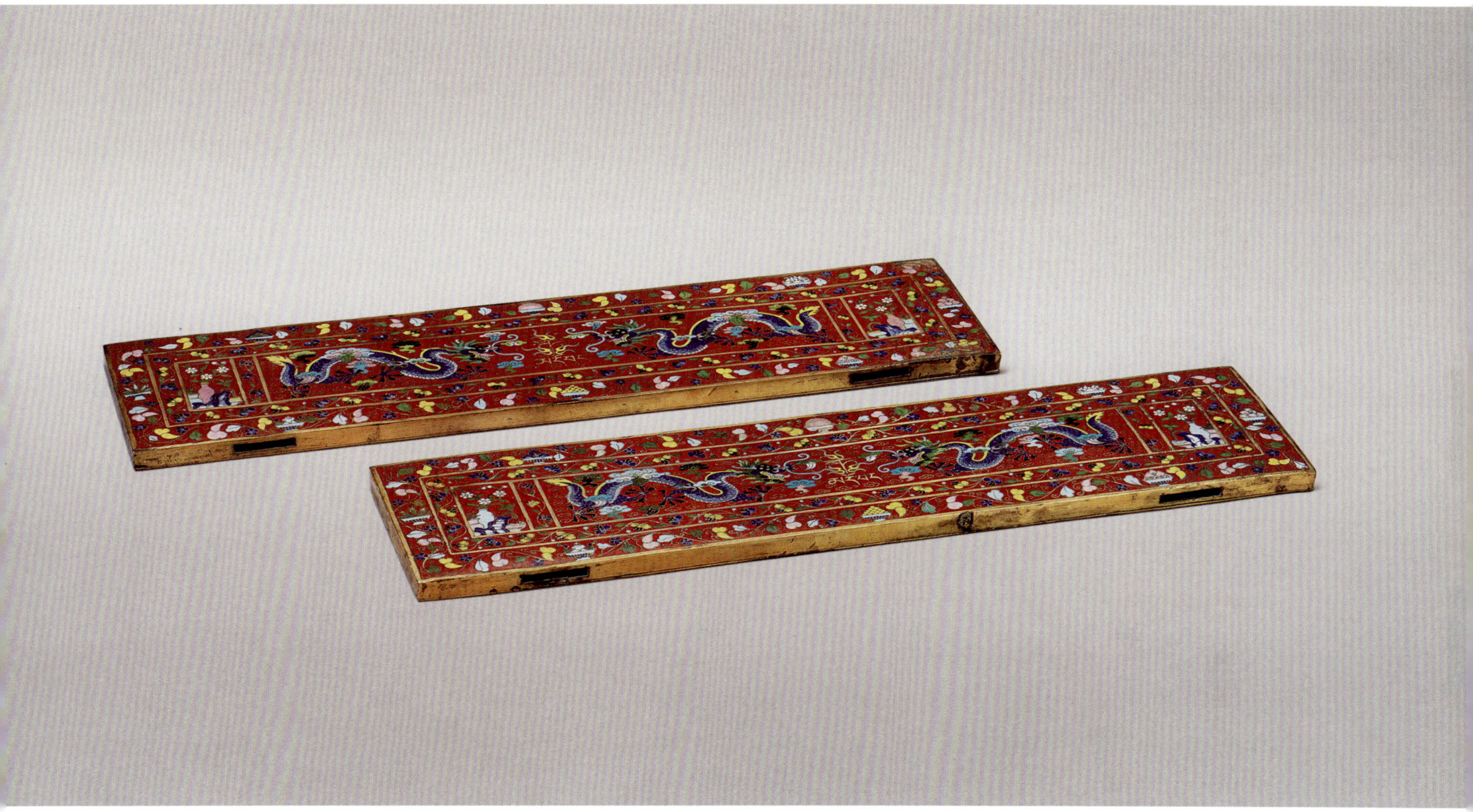

珐琅经夹板

清

长 40 厘米　宽 10.5 厘米

西藏博物馆藏

戏剧

藏戏起源于8世纪藏族的宗教艺术。吐蕃赞普赤松德赞修建桑耶寺时，莲花生大师在为调伏恶鬼所行仪轨中率先应用一种舞蹈，它是在原始苯教巫师祭祀自然神仪式的基础上，吸收民间土风舞演变而来的新型宗教仪式舞蹈。17世纪时，从寺院宗教仪式中分离出来，逐渐形成以唱为主，诵、舞、表、白、技等基本程式相结合的生活化的表演。

铜鎏金唐东杰布像

清

高16厘米　宽12.5厘米

布达拉宫管理处藏

唐东杰布（1385–1464）为著名建筑师，藏戏的开山鼻祖。唐东杰布为解决藏民出行困难，在西藏建造桥梁。为了募集建桥资金，召集能歌善舞者组成演出队伍，用演出募集的资金为人们修建桥梁。藏民历来把他看作是创造藏戏的戏神和修建桥梁的铁木工匠的“祖师”，是藏族人民心目中智慧、力量的化身。

大黑天护法神面具

清

长 44.5 厘米　宽 42.5 厘米

西藏博物馆藏

大黑天是婆罗门教湿婆（即大自在天）的化身，后为佛教吸收而成为佛教的护法神，特别是在密宗中大黑天是重要的护法神，是专医疾病之神与财富之神。藏传佛教认为大黑天是毗卢遮那佛（或称为大日如来）降魔时呈现出的忿怒相。大黑天是佛教最大的护法神之一，藏语称“贡布”，此件大黑天面具是在西藏各寺院的重大法事活动或者跳神表演时迎请大黑天的器具。

江森护法神面具

清

长 92.3 厘米　宽 52 厘米

西藏博物馆藏

江森护法神，又名姊妹护法，是藏传佛教护法神中非常重要的一位神祇，属于“出世间护法神”行列，是具有大神通的神灵，受到藏传佛教各派别的信奉，尤其得到格鲁派的崇奉和加倍供养。

藏医药

“大五明”中的“医方明”反映了藏族在医药学方面的成就。在吐蕃王朝时期，藏医药得到巨大发展。吐蕃积极学习内地、波斯、阿拉伯和印度医学，结合自身医学基础逐步形成完整体系。

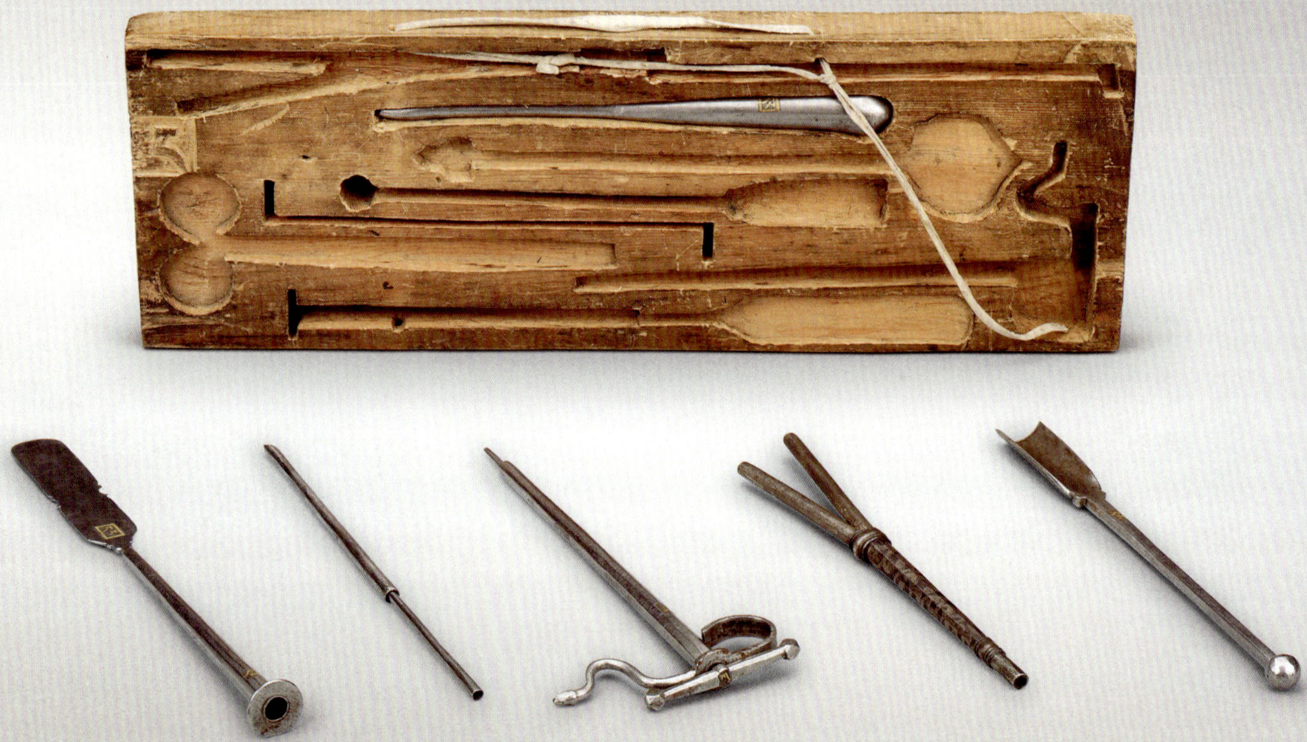

铁质外科手术医疗器械

清

外盒长 39 厘米　宽 14 厘米　高 2.5 厘米

西藏博物馆藏

这是制作于 17 世纪前后的藏医医疗器械，完整的藏医外科手术器械多达一百多件，其中有探察器械、拔取器械、剖刺器械、穿刺器械、零星器械等五大类。同时还配有医疗器械盒子，以便于携带，展示了藏医药实践性发展。

布画人体经络图唐卡

清

通长 167 厘米　宽 106 厘米

画心长 103 厘米　宽 72.5 厘米

西藏博物馆藏

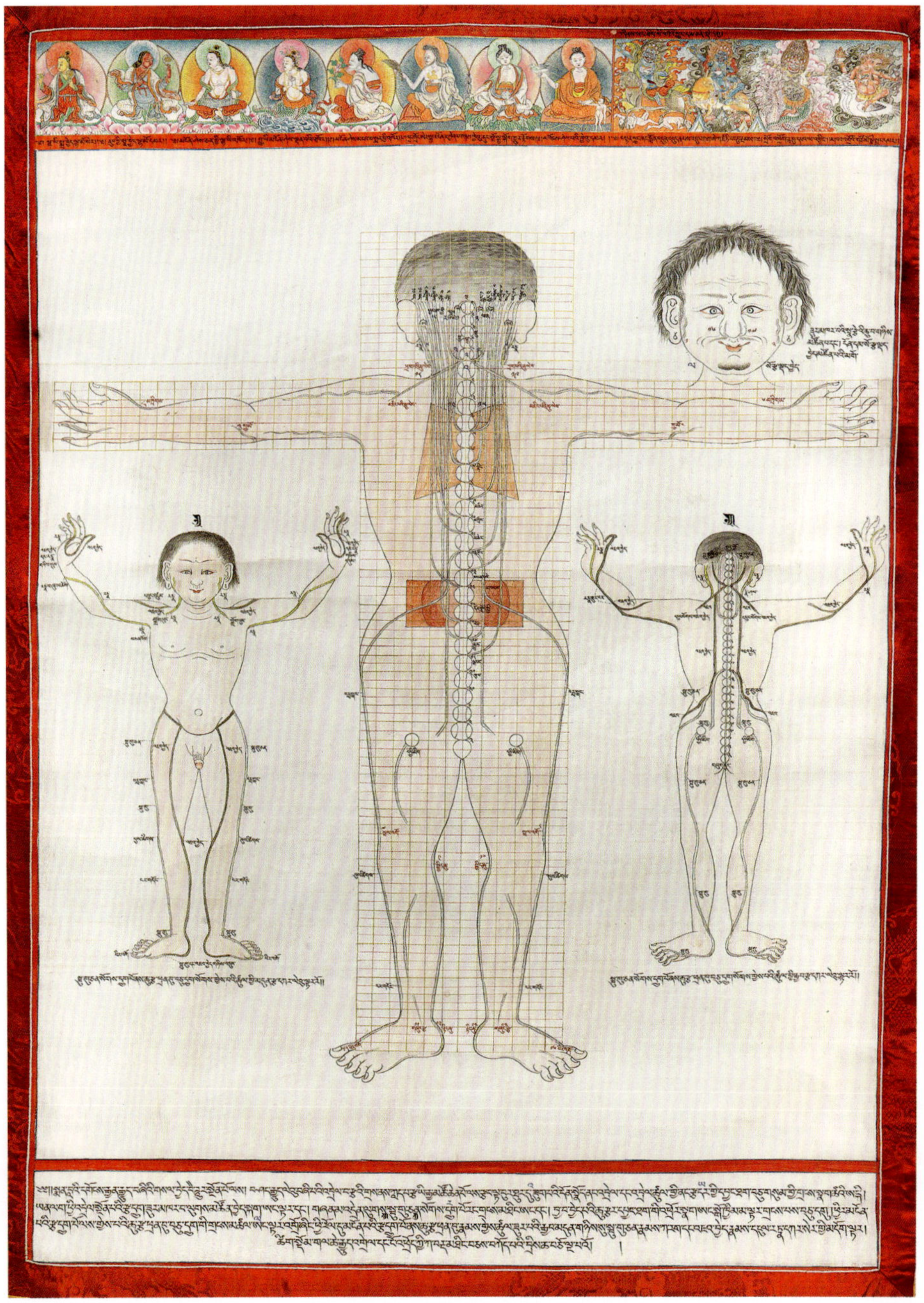

布画人体生理稳态和病理状态树喻图唐卡

清

通长 167 厘米　宽 106 厘米

画心长 103 厘米　宽 71.5 厘米

西藏博物馆藏

天文历算

西藏最早的历法是“物候法”，即观察动植物、冰雪、星象、日月等得出的对天文的认识。后从内地和印度传入了时宪历和时轮历，使西藏历法向科学化发展，成为“小五明”中的“算明”。

布画天体日月星辰运行图唐卡

清

通长 193 厘米　宽 196 厘米

画心长 157 厘米　宽 142 厘米

西藏博物馆藏

天文历算是西藏传统文化十明学中“小五明”之一，已有三千多年的悠久历史。这幅唐卡所表现的就是太阳围绕地球运转经过的轨道，也就是黄历中所说的黄道，它附近的十二宫即十二个星座所在位置与节气的关系。黄道十二宫的推算起源于欧洲的希腊，公元前后传到印度，再由印度随着佛经的翻译分别传于中国的内地和西藏地区。这种古老的历算方法，即使在两千多年后的今天，也依然被广泛运用于世界上很多地方。

金属工艺

“大五明”中的“工巧明”包括建筑工艺和各类制作工艺。其中，佛教造像作为金属工艺，在长期与中亚、南亚及中原内地的交流和生产实践中，匠人们掌握了合金配比，复杂工艺和装饰技法等制作手段，并逐步加入民族审美意识，形成独特的风格。

合金铜五方佛像

11 世纪

通高 14.8 厘米　底长 25.8 厘米　底宽 4 厘米

布达拉宫管理处藏

合金铜释迦牟尼像

元至元二年
高 21.5 厘米
故宫博物院藏

佛像头顶，肉髻高隆，形同塔状，面部方正，眉弓隆起，美如弯月，躯体造型挺拔，衣纹写实，带有元代宫廷造像特征。此像合金铜颜色与西藏所产合金铜颜色不同，西藏当地合金铜含锌较高，而内地生产的合金铜加入了主要成分为碳酸锌的“炉甘石”，含锌较低。

合金莲花手观音立像

元
通高 28 厘米
西藏博物馆藏

此尊观世音菩萨立像，是采用翻砂铸造而成。其面部轮廓清晰，棱角分明，四肢粗壮，身体袒露处泥金。合金材质呈灰褐色，宝冠、缯带等装饰硕大，造型古朴，是比较明显的晚期帕拉风格艺术作品。

“雪堆白”

“雪堆白”意为“如意莲花工院”，是清代西藏地方政府经营的官办造像场，“雪”指布达拉宫脚下，“堆白”指其工匠能造出人们想象的任何东西。17世纪，五世达赖喇嘛汇集西藏能工巧匠为大昭寺、布达拉宫等处维修和铸造佛教造像，1754年，七世达赖喇嘛正式建立雪堆白造像场。雪堆白造像有帕拉风格遗风，制作精细，色彩鲜艳，鎏金厚重光洁，佛冠、饰物镶嵌松石、珊瑚、珍珠等。

红铜大威德金刚像

清

通高28厘米　通宽23厘米

罗布林卡管理处藏

大威德金刚，藏语译为“怖畏金刚”，是文殊菩萨降伏妖魔的忿怒相，为藏传佛教格鲁派主修的密宗主尊之一。此尊为独雄大威德金刚，九头、三十四臂、十六腿。九头表示九种镇伏阎王的契经，正中牛头象征阎王，最高一头为文殊本像，象征慈善和平；三十四臂和心、语、意一起，意为菩萨成佛三十七道；十六腿象征十六空，足踏八兽、八飞禽、八天王、八女明王。此像造型精细工整，工艺精湛，为“雪堆白”造像中的上乘之作。

银错金无量寿佛拥妃像

清

通高 19.5 厘米　底长径 12.5 厘米

罗布林卡管理处藏

在藏传佛教中，无量寿佛与白度母、尊胜佛母统称为“三长寿佛”。此尊为密宗本尊之一无量寿佛拥妃像，是密宗五智如来的本尊形象。此造像头戴花冠，衣服上用错金工艺錾有精美的莲花纹和云纹，结跏趺坐于双层莲花宝座上。造像做工精细、雍容华贵，通体镶有松石、珊瑚、珍珠等，是一尊精美的“雪堆白”造像。

银朵玛

清

通高 26.5 厘米　通宽 14 厘米　底径 6.7 厘米

罗布林卡管理处藏

朵玛意为“食子”，其原形是以面、糌粑、酥油花等捏成的供奉食品，为藏传佛教礼仪供品之一。此件银质朵玛，为寺庙礼仪供器，亦作灌顶加持之器物。整体为“朵玛”形制，器身錾刻精美的缠枝莲、火焰宝、莲瓣图案，并以绿松石点缀，做工精湛，装饰精美，为“雪堆白”之佳作。

双龙戏珠纹菊瓣金盘

18 世纪

口径 25.5 厘米　底径 18 厘米

布达拉宫雪城珍宝馆藏

此盘内部为内地流行的双龙戏珠图案，制作精美，但并非内地生产。盘的外壁有藏文铭文，标注该盘的藏制重量及所用之处，由铭文可知该盘是布达拉宫的御厨房专用，应为一件有内地风格图案的“雪堆白”作品。

铜鎏金八瓣莲花大威德金刚曼陀罗（复制品）

明永乐

通高 81.4 厘米

布达拉宫管理处藏

此尊金刚曼陀罗设计构思巧妙，八瓣莲花可以自由开启，闭合时用伞盖扣件锁扣，形成莲花花蕾状。中央莲花台上主尊为大威德金刚。莲茎为卷草形式，每个卷草圆内安放度母和金刚萨埵像，左右下方各有一尊奔向莲花的龙女。其座上有“大明永乐年施”铭文，为明代宫廷汉藏艺术交融的作品，为宫廷施予之物。

唐卡

“唐卡”为藏文音译，意为“平展的画”，指用颜料或其他工艺材料绘制或拼贴在纸、锦缎、布帛上，以宗教题材为主要内容，类似“卷轴画”。唐卡通常悬挂在寺庙和经堂墙壁上用于观想神灵，弘扬教义。传统唐卡分为尼泊尔、齐岗、勉唐、钦泽和噶赤五大画派，具有浓郁的宗教与民族特色。

布画彩绘护法神唐卡

元

通长 131 厘米　宽 91 厘米

画心长 75 厘米　宽 66 厘米

布达拉宫雪域珍宝馆藏

此幅唐卡为尼泊尔画派。尼泊尔画派形成及流行于 7–13 世纪。风格以暖色为主，主尊占据唐卡大部分画面，主尊之外整齐的方格中排列护法诸尊和宗教人物故事。

布画喜金刚唐卡

元

长 130 厘米　宽 91 厘米

西藏博物馆藏

此幅唐卡为齐岗画派。齐岗画派形成及流行于 13–15 世纪，在保留尼泊尔画派以暖色为主、主尊较大为主要特点的基础上，周边人物排列增加了卷草装饰，融入了本民族的精神与思想生活，从而为画派转向本民族画风奠定了基础。

布画四世班禅洛桑·确吉坚赞像唐卡

曲英嘉措绘制

明末清初

通长 125.5 厘米　通宽 76.5 厘米

画心长 55.5 厘米　宽 38 厘米

扎什伦布寺藏

此幅唐卡为流行于 15 世纪至今的勉唐画派，勉唐画派由曼拉·顿珠嘉措开创，绘画风格在很大程度上融入了内地绘画风格，形体优美，姿势丰富多彩，色彩深浅适度，笔法细腻多变，总体安排是佛像较大，净土较窄。17 世纪，曲英嘉措改革勉唐画派，固定了《绘画度量经》，形成格鲁派唐卡和壁画绘制“标准样式”的新勉唐画派。

布画绿度母唐卡

明末清初
通长 134 厘米　宽 77 厘米
画心长 65 厘米　宽 45 厘米
西藏博物馆藏

此幅唐卡为流行于 15 世纪至今的钦泽画派，创始人是钦泽巴・钦莫。他在传统尼泊尔画派的基础上吸收中原内地的绘画技法，创立了钦泽画派。构图上保持了尼泊尔画风中主尊较大的特点，风景表现上开始吸收汉族地区的绘画风格，画面背景点缀、颜料调和、轮廓布局等方面有自己独特的风格。

布画米拉日巴唐卡

清

通长 156 厘米　宽 83 厘米

画心长 77 厘米　宽 52 厘米

西藏博物馆藏

此幅唐卡为自 16 世纪流行至今的噶赤派唐卡。噶赤派唐卡作为噶玛噶举派的“宫廷风格”而兴起，它是噶玛噶举派资助的主要流派。创始人南喀扎西受明代丝织品唐卡的启发，模仿中原画风，并受之影响逐步深入，色彩关系和谐淡雅，以花青和石绿点染天、地，使之渐变自然。佛像头光都被渲染成透明效果，背景山水以石青石绿为主。

布画弥勒菩萨唐卡

清

通长 150 厘米　宽 84 厘米

画心长 74.5 厘米　宽 45 厘米

西藏博物馆藏

贴花因竭陀尊者唐卡

清

通长 230 厘米　宽 130 厘米

画心长 114.5 厘米　宽 73.5 厘米

西藏博物馆藏

并非所有唐卡都是绘制的，除绘画形式之外还有刺绣、提花、贴花、缂丝等多种工艺表现形式。贴花，又称堆绣，分平面与立体两种。在制作工艺上先进行画面构图，再将各色布帛按照构图堆贴，以堆为主，以绣为辅，个别图案按需上色。贴花唐卡以青海塔尔寺制作的最为著名。

乐器

广义上用于宗教仪轨的器物均可称为法器。在这些法器中，乐器作为寺院日常行事或临时集会奏响的器具，在唱诵、法会及各种仪式中起到领众的作用。在宗教活动的需要和民族审美因素的作用下，乐器的工艺和装饰呈现明显的宗教气息。

金嵌珠宝檀香木唢呐（2件）

清

高 58 厘米　口径 15 厘米

布达拉宫雪城珍宝馆藏

这种唢呐在藏语中称“甲林”，“甲”在藏语中指藏区以外的地区，“林”即藏语“林普”，意为笛子。人们普遍认为甲林是内地唢呐传入西藏而得名。它是佛教活动中一种常用的管乐器，尤其是在佛教节日、活佛坐床、开光仪式等重大佛事活动中必须吹奏。“甲林”与“铜钦”（长号）是藏传佛教乐器中两个主要的旋律性乐器。甲林的形制与内地唢呐基本一致，管身木质，上端装细铜管，称“毕桑”，铜管上套苇质哨子，细管外包饰宝瓶（长寿瓶），在长期的使用中逐渐形成符合宗教用途和民族审美心理的形制。甲林的吹奏采用“吾果”技法，即气息转动，在吹奏时用鼻换气、用口吹气而不停歇。在寺庙中，训练“吾果”技法时练习者口衔空心管，深入水中吹气，用鼻换气而水中气泡不停。

这两件唢呐上有藏文铭文，为供养寺庙的人署名并注明所供奉寺庙的名字。

银翅錾龙凤纹白海螺

清

长 38 厘米　宽 20 厘米

布达拉宫管理处藏

法螺通常是在螺号上镶黄铜鎏金或银鎏金，称为“镶翅法螺”。法螺吹奏者因在佛教仪仗队伍中引导众僧，故有“佛号”或“法号”之称。法螺是僧人举行佛事活动召集僧众或在诵经时表示佛音远闻的号角。根据佛教经典记述，释迦牟尼说法时声音洪亮，如大海螺的声音响彻四方。法螺音色圆润柔和，无固定音阶。

合金铜钹（2 件）

明宣德

高 9 厘米　宽 37.9 厘米

布达拉宫管理处藏

钹是藏传佛教佛事活动的常用乐器，在诵经时用以掌握节奏和段落起转。

第四单元

和同一家

松赞干布迎娶文成公主的历史故事家喻户晓，
唐蕃会盟和同一家，
开启了西藏与中原地区正式交往的开篇大幕。
此后历代政教僧俗往来密切，
西藏各族人民共同开发建设西藏，
为多元一体的中华民族共同体和统一的多民族国家的
形成做出卓越贡献。

一、唐蕃和亲

唐贞观十五年（641），松赞干布迎娶文成公主；唐景龙四年（710）赤德祖赞迎娶金城公主，吐蕃与唐朝结成“甥舅关系”。两位公主进藏为吐蕃带去了内地工艺技术，为吐蕃的生产发展、边疆的稳定做出了贡献。

步辇图

唐

纵 38.5 厘米　横 129.6 厘米

故宫博物院藏

《步辇图》后有北宋章伯益篆书，详细描述画中内容，并指出此画“唐相阎立本笔”。图中描绘吐蕃大相禄东赞（穿绿衣者）受松赞干布派遣，在译官（穿红衣者）引导下拜见唐太宗请求和亲迎娶文成公主。阎立本，曾任唐工部尚书，官至右相，师法张僧繇，善画人物。关于此图的年代有考证系唐代真迹，也有研究认为是北宋时期的摹本。

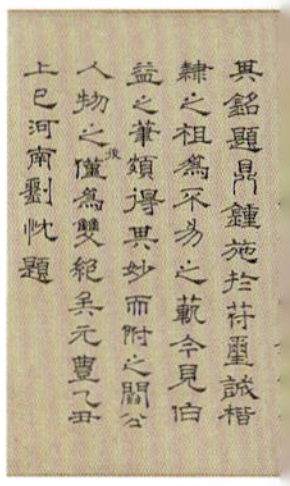

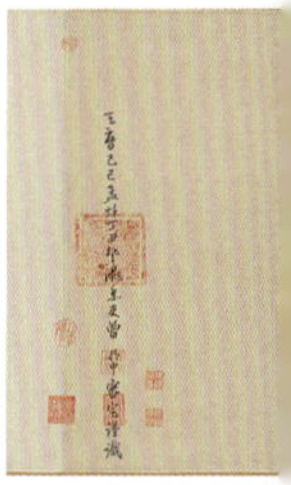

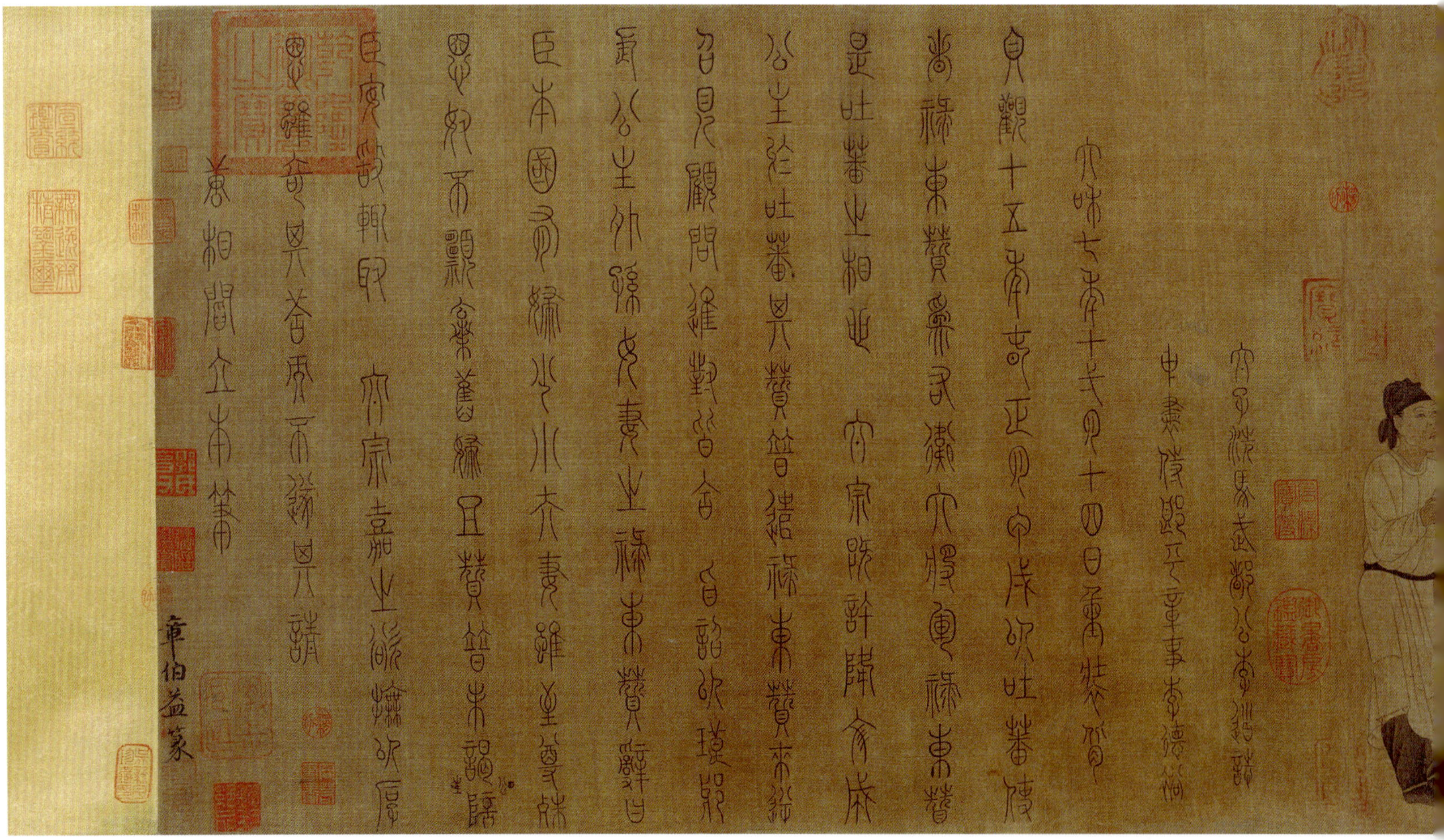

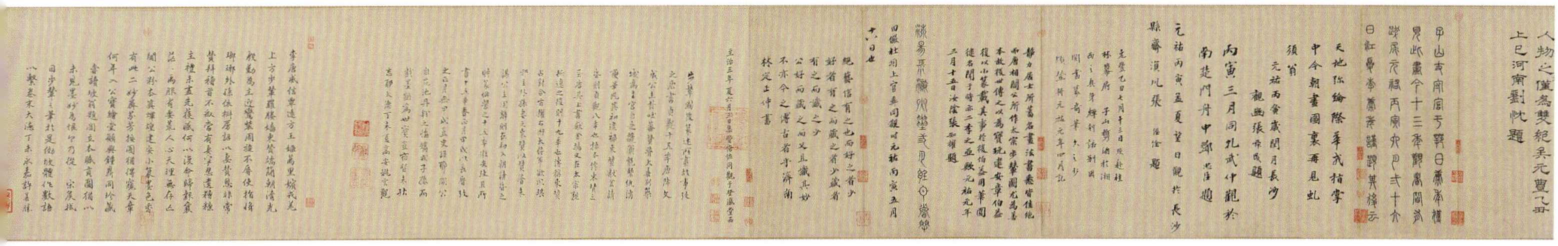

步辇图

布画禄东赞请婚图唐卡

清

通长 177 厘米　宽 97.5 厘米

画心长 92.5 厘米　宽 64 厘米

西藏博物馆藏

唐卡描绘了松赞干布派遣大臣禄东赞前往长安向唐请婚，迎娶文成公主进藏的故事。据说唐太宗为了考察来自各族的请婚使者，出了五道题，看谁解答得又快又好，就将唐公主许配给他的王。结果禄东赞以其卓越的才智取胜，并在三百多个宫女中辨认出文成公主。唐卡详细地描绘了禄东赞请婚、文成公主进藏以及修建大昭寺的情形。每幅场景下都书有藏文题记。

布画金城公主进藏图唐卡

清

通长 179 厘米　宽 98 厘米

画心长 90 厘米　宽 63.5 厘米

西藏博物馆藏

唐卡描绘了 709 年吐蕃派遣大臣尚赞咄为赞普请婚，710 年唐中宗以金城公主许之，并命左骁卫大将军河源军使杨矩送金城公主去吐蕃。金城公主原是许给赤德祖赞的王子姜查拉温，据说金城公主随身携带一面宝镜，先在镜中看到的是一英俊少年，但途中忽感心惊，再视宝镜时，却显示出一老者。原来姜查拉温此时已坠马身亡。金城公主到了吐蕃只好同赤德祖赞完婚，住在桑耶附近，“于红岩宫中”生下了吐蕃名王之一赤松德赞。唐卡中每幅场景下书有藏文题记。

大昭寺广场唐蕃会盟碑

唐中宗神龙元年（705）到德宗贞元三年（787），唐朝与吐蕃经过七次和盟。唐穆宗长庆元年（821），吐蕃赞普赤热巴金派使到长安，开启唐蕃第八次和盟，盟文申明：会盟的目的在息兵宁人，尊重姻谊，继续和好。823 年，以汉藏两种文字将盟文刻石立碑，立于拉萨大昭寺门前，即历史上有名的“甥舅和盟碑”，又称“唐蕃会盟碑”或“长庆会盟碑”。碑文写道：大唐文武孝德皇帝与大蕃圣神赞普舅甥二主商议社稷如一，结立大和盟约，永无渝替，神人俱以证知，世世代代使其称赞，是以盟文节目题之于碑也。

论博言墓志、墓志盖

唐咸通六年（865）
边长 60 厘米
1995 年北京市石景山区出土
北京市石景山区承恩寺文物保管所藏

墓主人论博言，吐蕃人，禄东赞族裔，任幽州押衙。墓志上记载了吐蕃自然人文概况，表现了唐人对吐蕃的认识。墓志盖为唐代规制，刻有牡丹花及十二生肖。吐蕃贵族子弟在唐朝边境地区任职，反映了从唐蕃和亲起，国家认同的概念就产生在吐蕃人的意识之中。此方墓志是北京地区出土的反映唐蕃关系的重要实物。

二、萨迦帝师

1244年萨迦班智达应阔端之邀，与侄子八思巴和恰那多吉赴凉州（今甘肃武威）会谈，开启了藏传佛教在蒙古传教的历程。萨迦派主导各教派归附蒙古，奠定了西藏地方纳入元中央政府行政管辖之下的基础。1260年，忽必烈封八思巴为国师，后晋封为帝师，元中央政府于1264年设立总制院并以帝师领院事，掌管佛教及西藏地方事务，后总制院改为宣政院。西藏自元代起正式纳入中央政府行政管辖。

布画彩绘萨迦班智达·贡嘎坚赞与八思巴赴凉州唐卡

明

通长161厘米　通宽108厘米

画心长85厘米　画心宽57.5厘米

萨迦寺藏

唐卡中心绘无量寿佛，围绕主尊的画面为1244年萨迦班智达·贡嘎坚赞与八思巴赴凉州的故事。画面左上至中上：萨迦班智达与八思巴离开萨迦寺经拉萨；右上至右中：八思巴在大昭寺受沙弥戒；下方：萨迦班智达与八思巴在途中牧区讲法；左中上：萨迦班智达在凉州病榻上遗嘱八思巴。

布画彩绘八思巴初见忽必烈唐卡

明

通长 161 厘米　宽 108 厘米

画心长 86 厘米　宽 57.5 厘米

萨迦寺藏

唐卡中心绘无量寿佛，围绕主尊描绘 1251 年萨迦班智达病逝和八思巴谒见忽必烈的故事。画面上方为萨迦班智达·贡嘎坚赞在凉州圆寂，蒙古阔端设祭坛；画面右下：八思巴谒见忽必烈；左下：八思巴为皇后灌顶；左中：八思巴为皇帝灌顶。

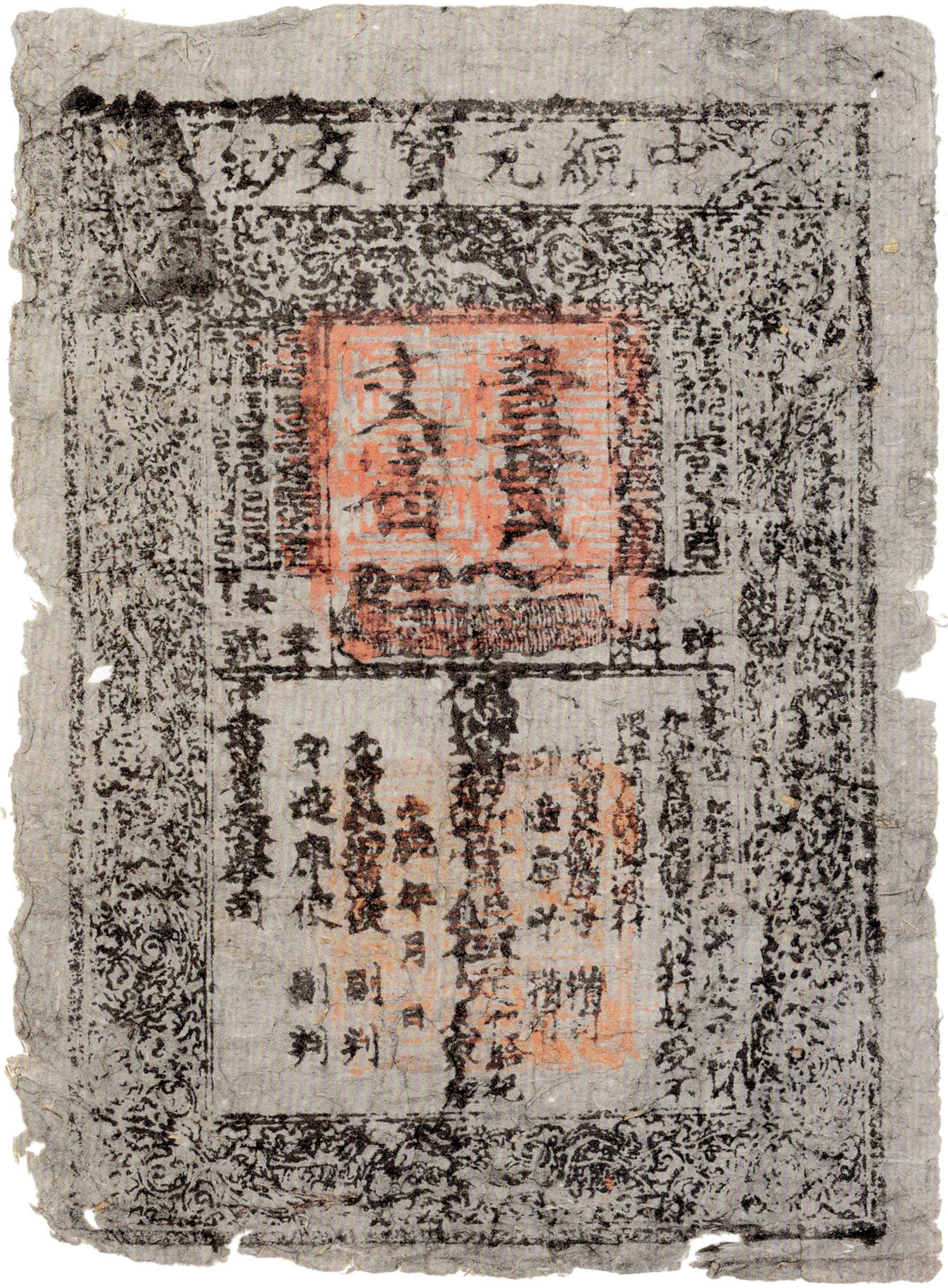

象牙“萨”字印

元

通高 1.5 厘米　边长 6 厘米

西藏博物馆藏

中统元宝交钞

元

长 28 厘米　宽 21 厘米

西藏博物馆藏

“中统元宝交钞”为忽必烈中统元年颁行，是元朝最早流通的纸币。该币注明“至正印造元宝交钞”，说明是元顺帝至正年间对早期“中统元宝交钞”的再刻板印制。该币发现于萨迦寺，揭示了元中央对西藏地方经济的掌握与影响。

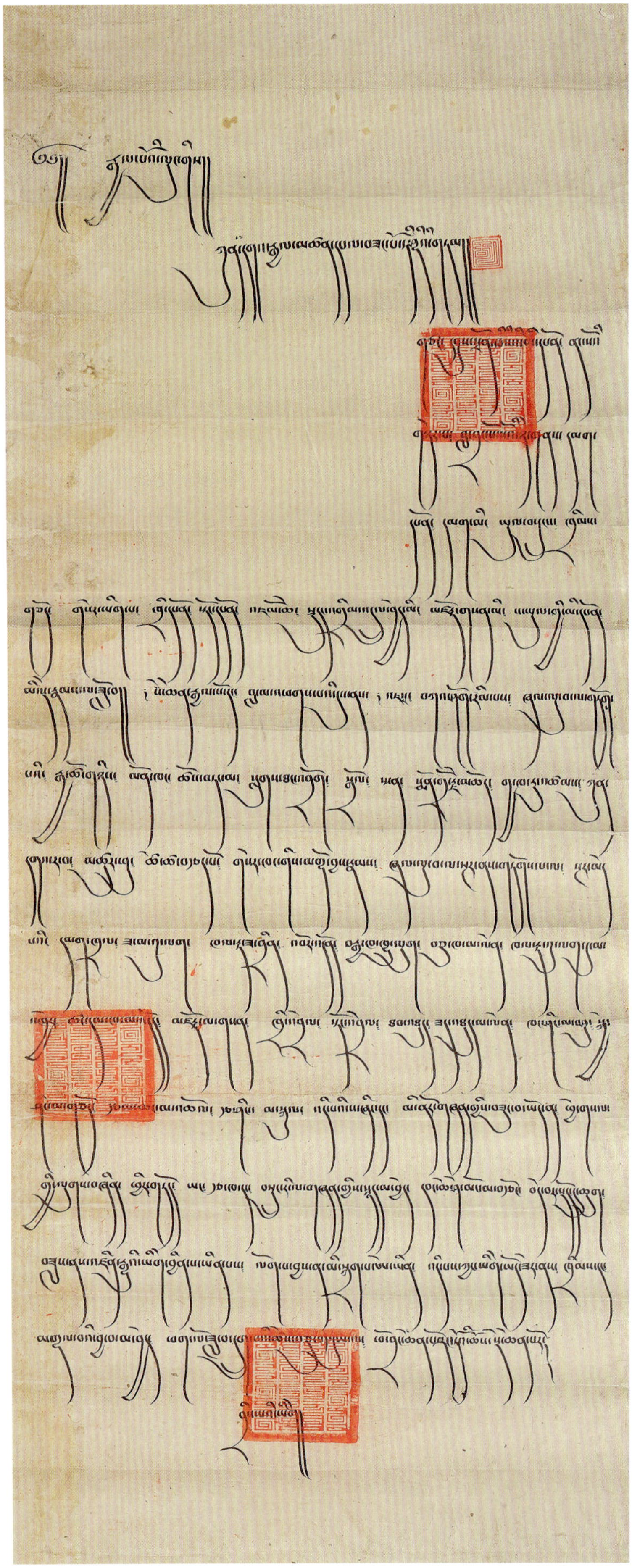

帝师贡嘎坚赞贝桑布给夏鲁寺法旨

元

纵 158 厘米　横 61 厘米

西藏博物馆藏

由于夏鲁古香家族与萨迦昆氏家族的联盟关系，元朝皇帝与帝师多次颁发圣旨和法旨，将“门卓结却”和“甲巴如擦”两个“加措”赏赐给夏鲁寺，其赋税作为夏鲁寺僧人为元朝皇帝祝延圣寿所举行法事的活动所用。各级政府官员、民众不得侵占。此件法旨是 1336 年帝师贡嘎坚赞颁发给夏鲁寺，要求卫藏地方人等不得侵占夏鲁寺两个“加措”。

宣政院印章

元
高 10.1 厘米　边长 10 厘米
西藏博物馆藏

至元元年（1264），忽必烈设总制院，负责掌管全国佛教及西藏地方政教事务。1288年，总制院改名宣政院。宣政院用印为银质，三台。此印为铜质，应为元朝为处理西藏事务派出的临时宣政院分院之印。

统领释教大元国师印

元

高 11.4 厘米　边长 11 厘米

西藏博物馆藏

元代授予“统领释教”职权者仅为“帝师”或“萨迦法台”，从印文看，此印非授予帝师，而是授予具有“国师”头衔的萨迦法台。

“帝师”是元中央政府封授藏传佛教首领的尊号。1270 年，忽必烈封授八思巴为首任帝师，此后元代帝师一直由萨迦派领袖担任。此印应为元贞元年（1295），元成宗封授第五任帝师扎巴俄色之印。

桑结贝帝师玉印（八思巴字）

元

通高 8 厘米　边长 8.7 厘米

西藏博物馆藏

桑结贝为元朝第七任帝师，第五任帝师扎巴俄色之侄，曾任萨迦寺住持。1305–1314 年，桑结贝任元成宗、武宗、仁宗三朝帝师。该印为元中央政府颁赐。

亦思麻儿甘军民万户府印

元

高 9 厘米　边长 8.5 厘米

西藏博物馆藏

此印为元仁宗延祐三年（1316）铸造。“亦思麻儿甘”是“芒康”的藏文发音，即今西藏昌都芒康县、察雅县一带。万户府，不仅负责管辖辖区百姓，还负责碉门、鱼通、长河西三处蒙古驻军。该印铸造当年，元仁宗颁发圣旨明确该地方万户长为斡即儿坚赞。

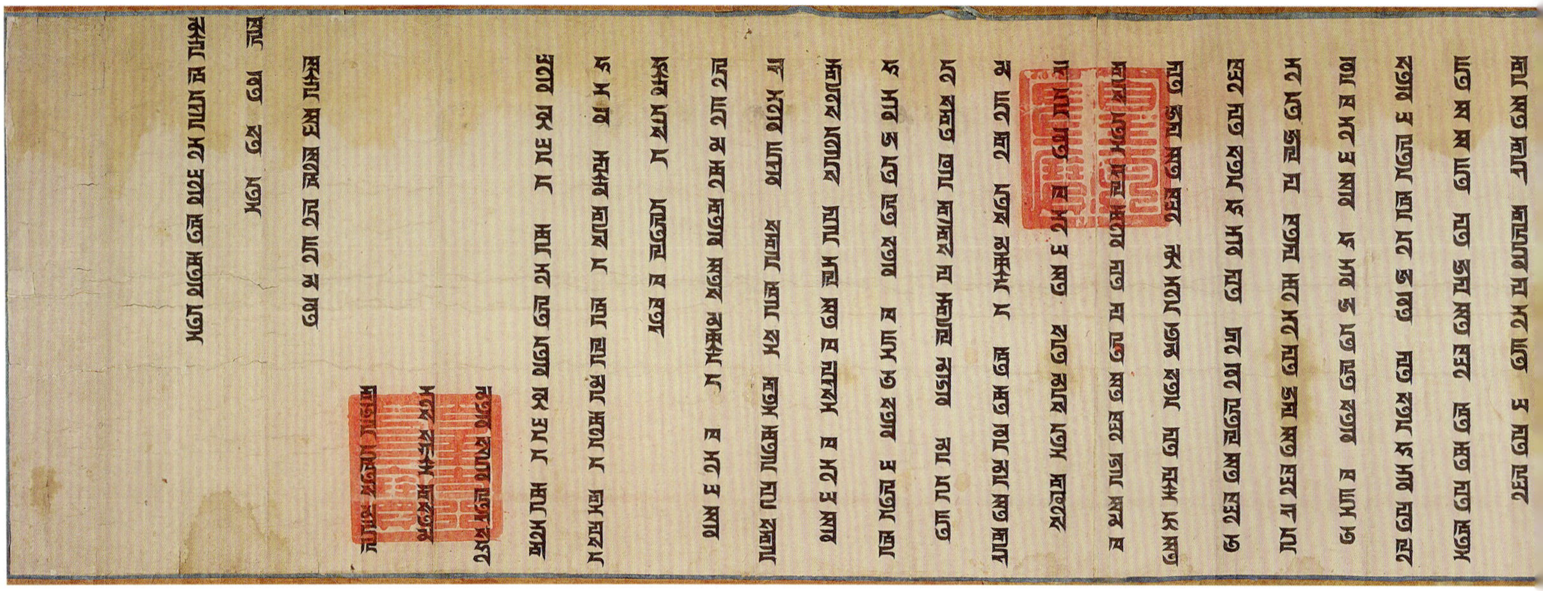

答吉皇太后给夏鲁万户古香·扎巴坚赞懿旨（八思巴字）

元

纵 56.6 厘米　横 236.6 厘米

西藏博物馆藏

答吉皇太后是元武宗、仁宗两朝皇太后，长期执掌朝政大权。这件懿旨是元仁宗延祐七年（1320）颁发给夏鲁万户长古香·扎巴坚赞，保护其政教地位和权益，旁人不得侵犯。

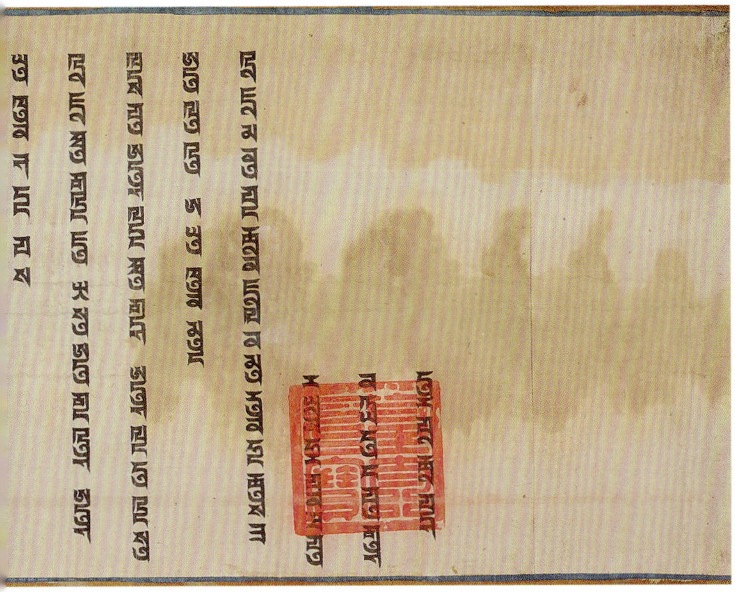

元顺帝妥欢帖睦尔颁布顿·仁钦珠圣旨

元

纵 104 厘米　横 64 厘米

西藏博物馆藏

布顿·仁钦珠是西藏佛学大师，受夏鲁万户长古香·扎巴坚赞邀请住持夏鲁寺，成为夏鲁派创始人。该圣旨于元顺帝至正三年（1343）颁发给布顿·仁钦珠，大意是：听闻大师精通佛法，本意邀请大师前往大都传法，但鉴于大师佛事繁忙，暂且搁置，望在原地继续悉心传法，教化藏地诸官员。

萨迦昆氏家族恰那多吉娶蒙古窝阔台之子阔端的女儿为妻，忽必烈按驸马之列封恰那多吉为“白兰王”，赐予金印，任“藏地三区法官”。白兰王的权力限于吐蕃地方，可直接向皇帝呈报西藏地方情形，并可召集地方官员处理事务。藏文史书记载有四位白兰王：恰那多吉（1239–1267）、琐南藏卜（生卒年不详）、贡嘎勒贝迥乃坚赞贝桑布（1308–1336 或 1341）、扎巴坚赞（1336–1378）。

白兰王金印（复制品）

元

通高 11 厘米　边长 12×11.4 厘米

西藏博物馆藏

白兰王双刀

元

通长 81.5 厘米　宽 8 厘米

萨迦寺藏

白兰王盔甲

元

头盔高 24 厘米　口径 22 厘米

甲长 76 厘米　宽 134 厘米

萨迦寺藏

这套珍藏在萨迦寺的铁质白兰王盔甲，在头盔的顶盘、左右梁、眉庇、护额等均饰铁嵌金纹饰，盔顶部装饰一圈梵文兰扎体经咒，周身饰四条四爪飞龙，护额处饰缠枝花卉，工艺考究。

红铜嵌珠石文殊菩萨坐像

元　大德九年

高 17 厘米　底长径 10 厘米

故宫博物院藏

此像底部刻有铭文：奉佛高全信一家，舍财造文殊师利一尊，报答父母养育之恩，一切众生共成佛道，大德九年五月十五日记耳。大德九年为 1305 年，此像是目前已知最早的有确定纪年的元代藏传佛教造像。元代设梵像提举司，由尼泊尔造像艺术家阿尼哥总管，其弟子也曾在其中供职。此尊菩萨像可作为元代流行“西天梵像”的参考。

铜鎏金八臂摩利支佛母像

元

高 25 厘米

重庆中国三峡博物馆藏

青釉竹节高足碗

元

高 13 厘米　口径 12.8 厘米

布达拉宫雪城珍宝馆藏

高足碗，又称靶碗，制造始于元代，盛行于明清两朝。此碗足中空不封闭，柄足为竹节样式。碗通体施青釉，碗内外壁、碗心均刻划花卉，刀法写意，釉色厚润沉静，古朴典雅，属于龙泉窑瓷器佳作。

花耳瓜形青白玉杯

元

口径 6.5 厘米　高 3.6 厘米

西藏博物馆藏

三、多封众建

明代中央政府对藏传佛教各教派均进行分封，形成“三大法王”“五大教王”的多封众建格局。各教派与中央政府之间交往密切，朝贡与赏赐的礼物往来不绝。

正觉大乘法王之印

明

高 10 厘米　边长 12.7 厘米

西藏博物馆藏

首任“大乘法王”贡嘎扎西是明初萨迦派代表人物之一。永乐十一年（1413）贡嘎扎西应诏赴南京与永乐帝会晤，封授明代三大法王之一的“大乘法王”，并赐给金印、金册。此玉质印章应为封授后世大乘法王之印。

灌顶国师阐化王印（象牙）

明

高 7.5 厘米　边长 4.3 厘米

西藏博物馆藏

“阐化王”是明中央政府授予西藏帕竹地方政权首领的封号。“阐化王”位居明代西藏“五大王”之首。帕木竹巴，本是元代设立十三万户长之一，元末时取代了萨迦地方政权的统治地位。首任灌顶国师阐化王扎巴坚赞的玉印是在明末清初之际，由第巴桑结嘉措呈缴清中央政府。此枚印章应是嘉靖四十二年（1563）封授帕木竹巴第悉刍思巴刍失坚赞为阐化王时所赐之印。

缂丝大慈法王唐卡（复制品）

明

长 108 厘米　宽 63.5 厘米

罗布林卡管理处藏

永乐十二年（1414），格鲁派创始人宗喀巴的弟子释迦益西应永乐帝邀请赴南京觐见，被封授“西天佛子大国师”。宣德四年（1429），释迦益西应诏前往北京，宣德九年（1434）被皇帝封授“大慈法王”，位列三大法王之一。此件展品的原件是宣德皇帝命宫廷制作并赏赐给释迦益西的绣像。

“大慈法王”本名释迦益西，拉萨三大格鲁派寺庙之一的色拉寺由他主持修建。明宣宗曾为他颁赐御制法轮金印，并封为“万行妙明真如上胜清净般若弘照普应辅国显教至善大慈法王西天正觉如来自在大圆通佛”，简称“大慈法王”。

此幅为缂丝唐卡。以生蚕丝作经线，彩色熟丝作纬线，采用“通经断纬”的技法织成。画心为释迦益西本人，头戴法王帽，身着袈裟，左右两肩各置铃、杵，结跏趺坐于宝座上，右上方缂有印章，左上方有藏汉两种文字题记“至善大慈法王大圆通佛”字样。下方用藏文题记有“与此幅唐卡画像一起，还有时轮金刚、胜乐金刚、喜金刚、大威德金刚和大轮（金刚）等像，灌顶国师阿木葛和国师索南喜饶二人虔心敬（制）”。唐卡虽历经五百余年，仍色泽鲜艳，栩栩如生，为缂丝唐卡中的上品佳作。

萬行妙明真如上勝清淨般若弘
照普應輔國顯教至善大慈法
王西天正覺如来自在大圓通佛

洪武皇帝封授加麻万户长圣旨

明

纵 35.5 厘米　横 420 厘米

西藏博物馆藏

此件为洪武十二年（1379）封授端竹监藏（今译为“顿珠坚赞”）为加麻万户（今译为“甲玛万户”）万户长的敕命，为元代设十三万户之一，管辖范围大致在今拉萨东南墨竹工卡至山南市乃东区一带。敕命的后面有明中央政府相关机构对加麻万户的历史情况进行的考察和备注。

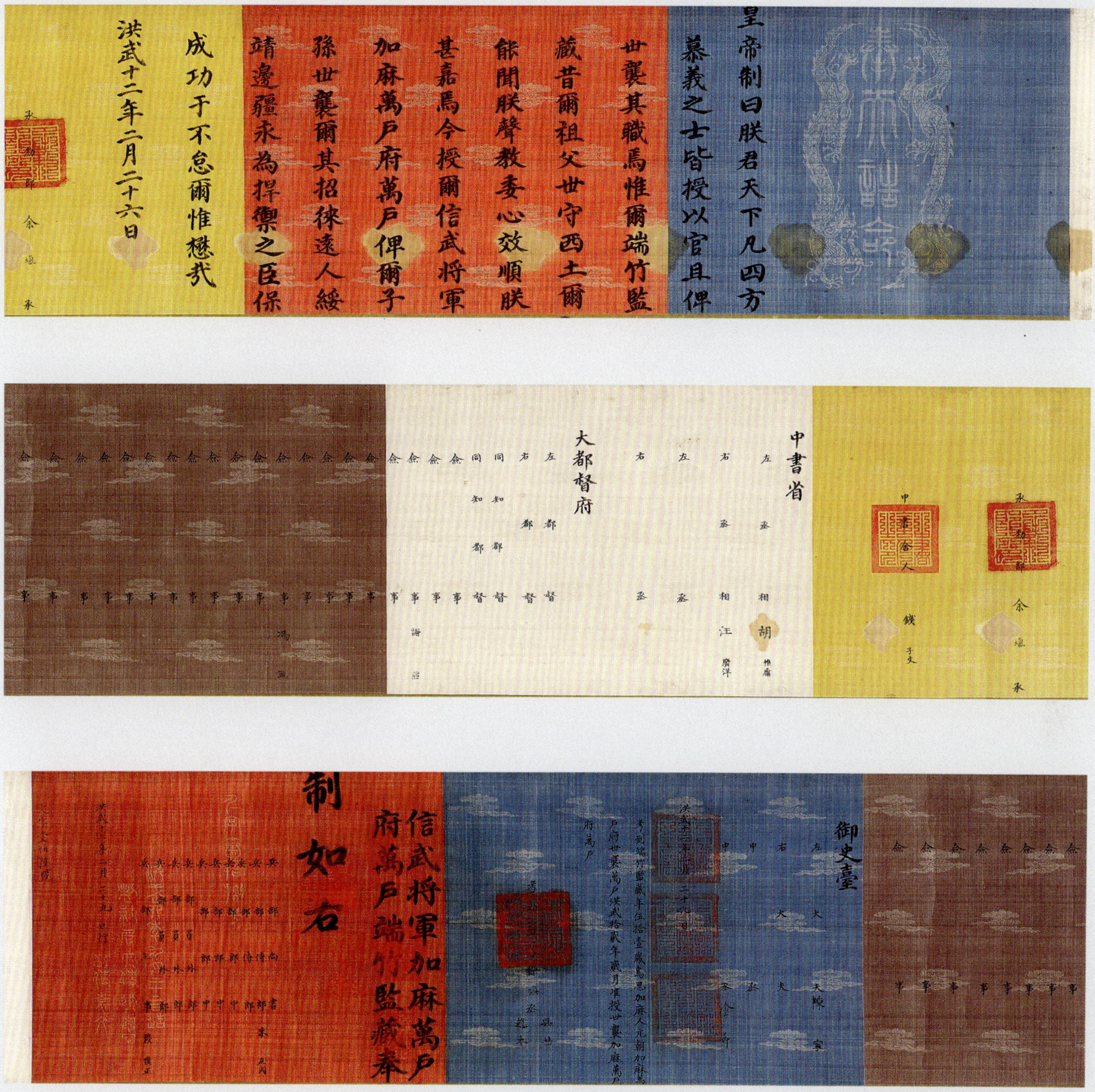

奉天誥命

皇帝制曰朕君天下凡四方慕義之士皆授以官且俾世襲其職焉惟爾端竹監藏昔爾祖父世守西土爾能聞朕聲教委心效順朕甚嘉焉今授爾信武將軍加麻萬戶府萬戶俾爾子孫世襲爾其招徠遠人綏靖邊疆永為捍禦之臣保成功于不怠爾惟懋哉

洪武十二年二月二十六日

中書省

左丞相 胡惟庸

右丞相 汪廣洋

左丞

右丞

大都督府

左都督

右都督

同知都督

同知都督

御史臺

左大夫

右大夫

信武將軍加麻萬戶府萬戶端竹監藏奉

制如右

多吉锵达赖喇嘛之印
（八思巴字）

明

通高 11.5 厘米　边长 11 厘米

西藏博物馆藏

明万历六年（1578），三世达赖喇嘛索南嘉措与蒙古土默特部首领俺答汗在青海会晤，俺答汗赠其“圣识一切瓦齐尔达喇达赖喇嘛”称号和金印。“达赖喇嘛”称号由此世代沿袭。此印是该金印的仿制印章，以便日常携带和使用。

万历皇帝赐三世达赖喇嘛“朵儿只唱图记”

明

通高 6.1 厘米　边长 5.2 厘米

西藏博物馆藏

1578 年索南嘉措与俺答汗会晤，并与明朝中央政府取得联系。万历十六年（1588），万历皇帝应俺答汗之孙的请求，派遣使节前往蒙古邀请索南嘉措进京会晤，并授予“朵儿只唱”封号，此印即为当时封授之印。

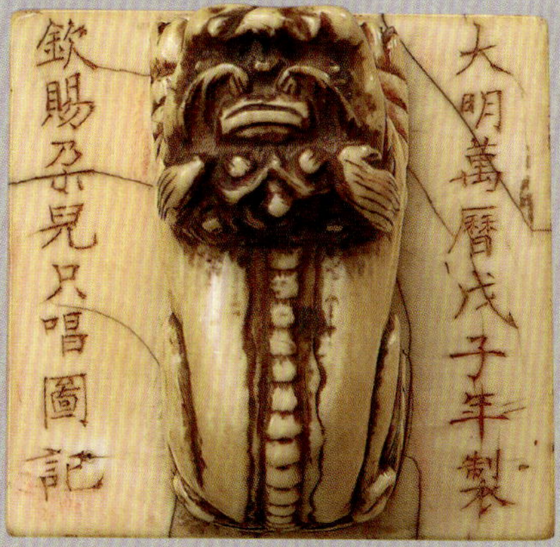

英雄纹青白玉合卺杯

明

单口径 3.5 厘米　单底径 3.1 厘米

高 9.2 厘米

西藏博物馆藏

合卺，是古代汉族婚礼仪式之一，《礼记·昏仪》记载：夫妇共牢而食，合卺而握。行合卺礼，即婚礼上夫妻共饮合欢酒，后演变成“交杯酒”。合卺杯为双直筒，筒外雕有一只展翅的鹰立于熊上，取两种动物的谐音为“英雄”。此杯具有明中晚期特征。

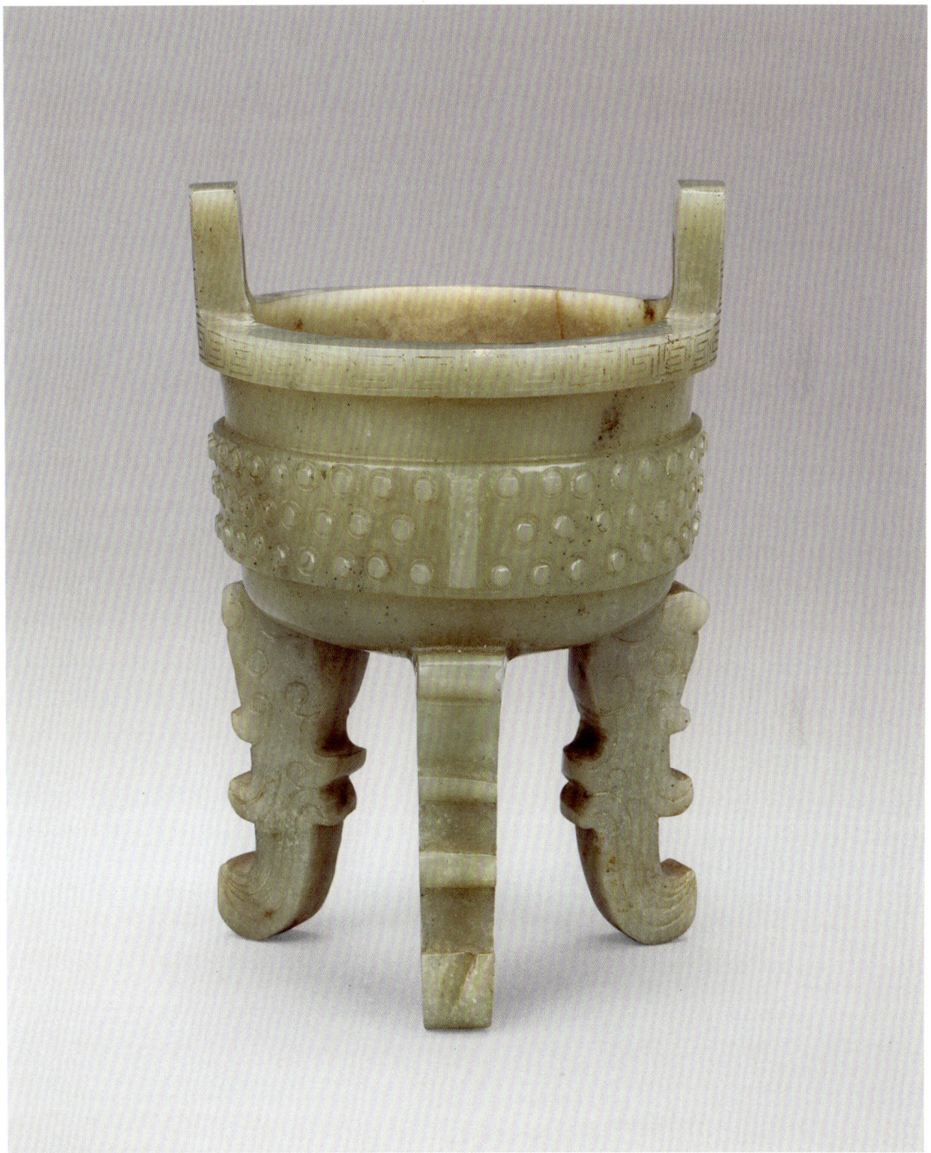

乳钉纹青白玉三足鼎

明

口径 6.9 厘米　高 11.7 厘米

西藏博物馆藏

宣德年製

白釉暗花藏文僧帽壶

明宣德

高 20 厘米　口径 16.3 厘米　底径 7.5 厘米

布达拉宫管理处藏

壶的腹部有暗花藏文铭文，意为：日吉祥，夜吉祥，日夜吉祥，愿三宝保佑吉祥。

银錾花座青花藏文款高足碗

明宣德

碗高 11.5 厘米　口径 17 厘米　底径 4.6 厘米

座高 15 厘米

布达拉宫雪城珍宝馆藏

此碗为明代制作的藏式器具，碗腹外壁一圈青花藏文：日安宁，夜安宁，日夜长久安宁，愿三宝保佑安宁。

景泰蓝莲纹僧帽壶及壶套

明

高 22.5 厘米　口径 12 厘米　底径 8 厘米

西藏博物馆藏

铜鎏金四臂文殊菩萨像

明

通高 22 厘米　底长径 15 厘米

西藏博物馆藏

文殊菩萨是诸佛菩萨智慧的化身，是藏传佛教艺术领域最为常见的一种题材，与观世音菩萨、手持金刚菩萨并称为佛教三大怙主（保护者）而受到崇拜。此尊铜鎏金四臂文殊像，双目微合，眉眼细长，面部略成方形，具有明显的中原特色，其莲坐前台錾刻有“大明永乐年施”款，为明宫廷施与西藏佛教场所之物。

大明永樂年施

永乐年施合金金刚铃

明永乐

通高 23 厘米　口径 10.5 厘米

西藏自治区日喀则市萨迦县萨迦寺北寺德确颇章出土

萨迦寺藏

金刚铃、杵

明宣德

铃：高 20 厘米　宽 10 厘米

杵：高 14 厘米　宽 4 厘米

布达拉宫管理处藏

铃与杵都是密宗法器，使用时一手握一只。佛教僧人修行六度时，摇动金刚铃和碰响碰铃，意在传扬法音，令众生耳闻而得以受加持。碰铃是热巴艺人伴舞的乐器，它与热巴鼓交相对应，起伴奏和道具作用。金刚杵是用来表示般若智慧无坚不摧，犹如金刚，用金、银、铜、铁或硬木制成，长度一般在十几厘米至二十多厘米，中间为把手，两端有刃头，刃头有独股、三股、五股、九股之别。

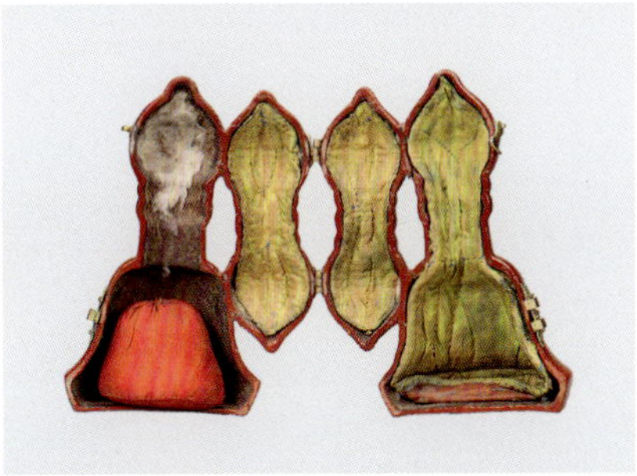

永乐年施刺绣大威德金刚唐卡

明永乐
通长 430 厘米　宽 239 厘米
画心长 324 厘米　宽 210 厘米
大昭寺藏

这幅唐卡主绣大威德金刚。大威德金刚是密宗本尊之一。密宗典籍中记载："有伏恶之势，谓之大威；有护善之功，谓之大德。"主尊九面三十四臂十六足，居于画面正中，正中面呈忿怒水牛样貌，站立于莲花座上，背后燃烧着熊熊烈焰。画幅右上角绣有楷书"大明永乐年施"六字，字体工整秀劲，衬以红地和金色边框，显得富丽醒目。画面以红色晕染火焰，笔力苍劲，造型威猛，强烈地表现出本尊的性格特征。此幅唐卡采用密针叠线绣制手法刺绣而成，其色泽鲜艳，针线细腻，神像造型生动，是明朝初期内地手工艺的代表作品。

永乐版《大藏经 · 甘珠尔》

明永乐

长 72.5 厘米　宽 26.5 厘米

布达拉宫雪城珍宝馆藏

《大藏经》是藏传佛教经律论总集，由《甘珠尔》和《丹珠尔》两部分组成。其中《甘珠尔》是释迦牟尼佛讲说的记录（“甘”意为“教”，“珠”意为“翻译”），称为“正藏”；《丹珠尔》是佛教弟子及后世佛教学者们对释迦牟尼的教义所作的论述及注释（“丹”意为“论”），称为“副藏”。永乐八年，明成祖朱棣妃子徐氏病故，为给徐妃祈福，派专使入藏，将《大藏经》藏文手抄本带回南京。朱棣下令将其制成铜版，请噶玛噶举派五世噶玛巴活佛德银协巴任刊本总纂，并敕令南京灵谷寺刊刻。《甘珠尔》经文印制后，永乐帝为《大藏经》作序，并分别赐给萨迦巴、噶玛巴、宗喀巴和释迦益西。此《甘珠尔》是历史上第一部官方修订的大藏经，也是第一部雕版印刷的藏文大藏经。清康熙二十二年（1683）刊刻的北京版大藏经是继永乐大藏经之后的第二版官方修订本。

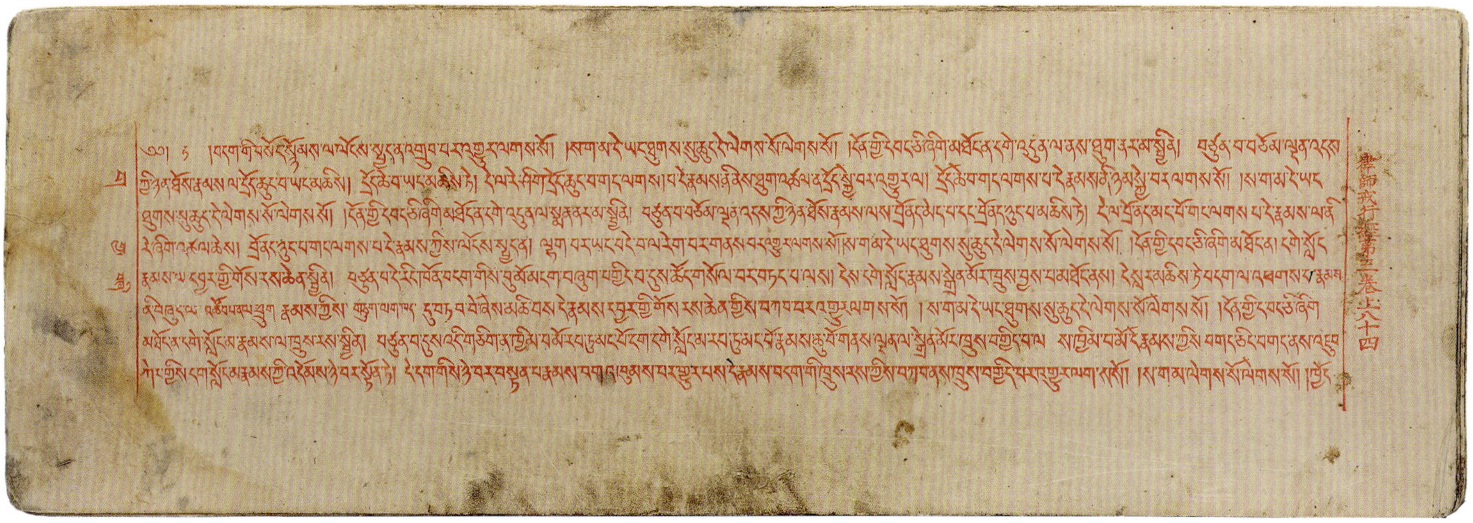
律師戒行經第三卷上六十四

律師戒行經第三卷
律師戒行品

织锦独雄大威德唐卡

明永乐

通长 154.2 厘米　宽 107.9 厘米

布达拉宫管理处藏

大威德是密宗本尊之一。不同的本尊有不同的形象，一般是单体的，也有拥妃双身形的；从面部表情分，有慈悲温和形和忿怒可怖形。佛和菩萨劝导众生行善，指引众生解脱轮回成佛时，总是晓之以理，动之以情，好言劝善，十分温和，以求众生开悟，同时也指明恶有恶报的严重后果，以可怖形象吓阻众生不敢为恶，所以佛和菩萨在不同情势下，有温和与忿怒两种形象。怒相本尊是密宗修行者所尊奉的佛或菩萨的忿怒形象。此幅唐卡中央为独雄大威德忿怒像，九头三十四臂十六足的立像。

永乐款铜鎏金香炉

明永乐

高 65.7 厘米

青海省博物馆藏

香炉为佛前供器，此器雄浑大度，器形规整，颈部阴铸“大明永乐年施”汉藏两种文字的铭文，是永乐帝施与青海瞿昙寺的。瞿昙寺是一座藏传佛教格鲁派寺院，是典型的明代早期的官式建筑群。该寺因所藏珍贵文物以及巨幅彩色壁画而闻名。

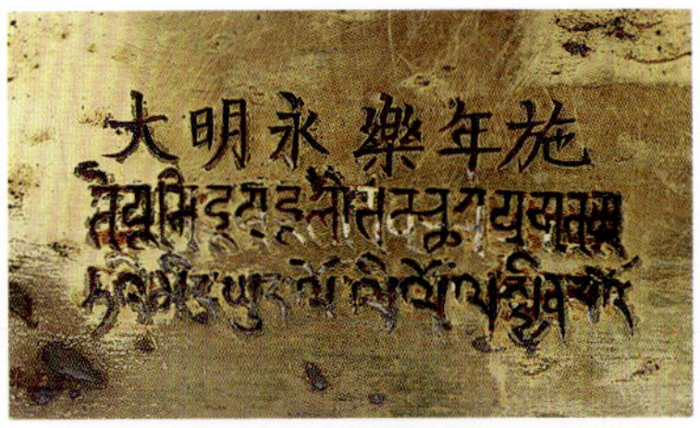

四、兴黄安蒙

明末，宗喀巴实施宗教改革，创立格鲁派，得到西藏信众的拥护。格鲁派日渐兴盛并在蒙古和硕特汗国的支持下，逐步巩固了格鲁派在西藏地方的政教地位。清朝采取兴黄教以安众蒙古的策略，顺治帝邀请五世达赖喇嘛进京朝觐，1653 年册封五世达赖喇嘛封号。1713 年康熙帝册封五世班禅额尔德尼封号。自此后世达赖喇嘛、班禅额尔德尼均需接受中央政府册封，格鲁派与清政府之间的交往促成了中央政府对西藏的直接管辖。

皇太极敦请萨迦法王会晤圣旨

清

纵 41 厘米　横 124 厘米

西藏博物馆藏

1642 年，五世达赖喇嘛派遣使团前往盛京（今沈阳）觐见皇太极，并带去藏巴汗、固始汗、红帽噶玛巴、四世班禅及萨迦法王等写给皇太极的信件。1643 年使团返回西藏，带回皇太极给上述政教首领的回信。此件圣旨是皇太极写给萨迦法王邀请他会晤的文书，是清政府向西藏颁发的最早的圣旨。

布画五世达赖喇嘛阿旺·洛桑嘉措传记唐卡

清

长 196 厘米　宽 111 厘米

西藏博物馆藏

清顺治九年（1652），派使迎接五世达赖喇嘛阿旺·洛桑嘉措（1617–1682）来京，并修建西黄寺供五世达赖喇嘛驻锡。达赖喇嘛于当年十二月十六日到达北京，顺治帝在太和殿接见。1653 年 2 月，达赖喇嘛启程回藏，顺治帝命和硕亲王率兵护送至今内蒙古凉城，召蒙古王公、贝勒与达赖喇嘛相会，并册封“西天大善自在佛所领天下释教普通瓦赤拉呾喇达赖喇嘛”，授金册、金印。封号中的“西天大善自在佛”和“所领天下释教”沿用元明旧例，“普通”和“瓦赤拉呾喇”则沿用了俺答汗对三世达赖喇嘛的尊号。“普通”译作“一切智”，是对显宗大法师的尊称，“瓦赤拉呾喇”译为“持金刚”，是对密宗大法师的尊称。自此，达赖喇嘛的封号和在西藏的政教地位，由中央政府正式确定下来。此后历代达赖喇嘛必须经过清中央政府册封，成为制度。同年，清政府册封青藏高原和硕特汗国固始汗“遵行文义敏慧固始汗”，“兴黄教即所以安众蒙古”的基本政策确定。

黑地描金乾隆御笔菩提佛塔唐卡

清

通长 263 厘米　宽 168 厘米

布达拉宫管理处藏

此件唐卡是以黑色底纸和明黄色杂宝暗花纹绢装裱而成，中心所绘菩提塔，是藏传佛教善世八塔之一。这幅唐卡绘制精细，造型规整，铭文清晰，是一幅典型的宫廷代表作。佛塔的宝珠顶和日月上写有梵文兰扎体经咒；宝盖至塔座写有《般若波罗蜜多心经》；塔瓶中央绘有般若佛母；四级塔身的正中央有一位背坐着的禅修者，其左右写有纪年题款“乾隆九年甲子元日敬书”，说明此幅唐卡是乾隆九年甲子之时，即 1744 年题款赏赐给西藏地方上层人物的珍贵文物。

木雕金漆菩萨立像

清乾隆

高 172 厘米　宽 55 厘米　厚 35 厘米

首都博物馆藏

此尊菩萨立像将汉、藏、蒙风格融为一体，此类真人大小的菩萨立像是专门为供奉在承德避暑山庄、外八庙寺院及北京雍和宫等佛教中心而定制的。

乾隆皇帝命第穆呼图克图摄政之敕谕

（复制品）

清

纵 45.7 厘米　横 92 厘米

西藏博物馆藏

“呼图克图”是清政府授予藏传佛教上层活佛的称号。乾隆二十二年（1757），七世达赖喇嘛格桑嘉措圆寂，应西藏地方请求，乾隆皇帝敕谕第六世第穆呼图克图掌办商上事务，成为西藏历史上第一位摄政。西藏摄政制度从此建立。

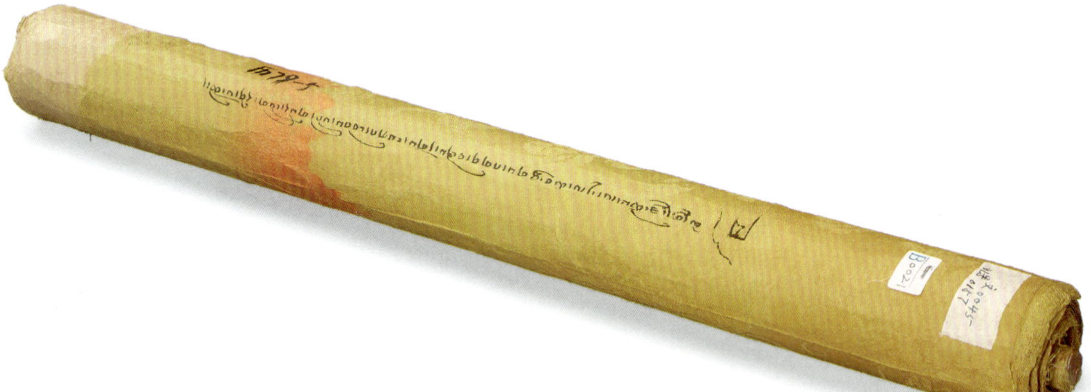

乾隆皇帝命第穆呼图克图摄政之印

清

高 6.8 厘米　边长 7.9 厘米

西藏博物馆藏

乾隆二十四年(1759)，因第穆活佛摄政任上办理西藏事务“执掌严谨”，忠于朝廷，清朝中央政府封授“办理藏事弘扬黄教吉祥（班丹）诺门罕”，并赐印。此后，这枚印章被历任摄政活佛沿用。

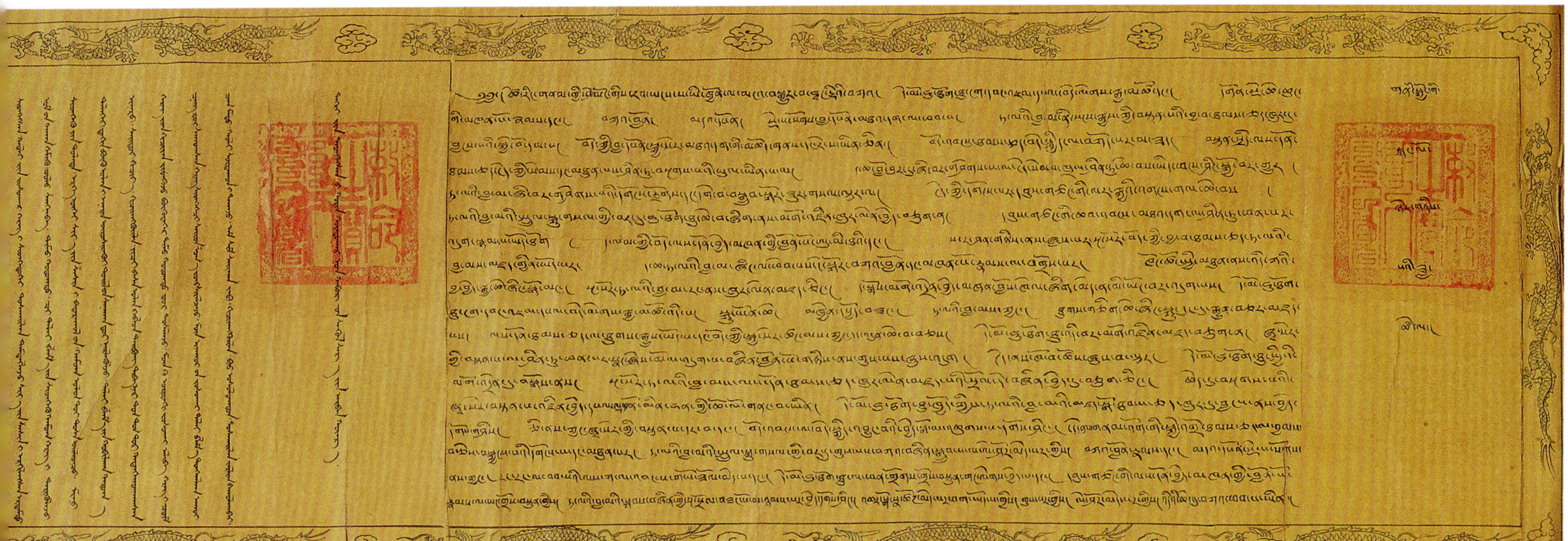

西天大善自在佛所领天下释教普通瓦赤拉呾喇达赖喇嘛之印

清

高 10.1 厘米　边长 11.4 厘米

西藏博物馆藏

清中央政府有将前辈达赖喇嘛金印磨平改授后辈达赖喇嘛的制度，乾隆四十六年（1781）后未再授予后辈达赖喇嘛金印。此枚金印应为乾隆帝授予八世达赖喇嘛，也是现存唯一一枚“西天大善自在佛所领天下释教普通瓦赤拉呾喇达赖喇嘛之印”金印。

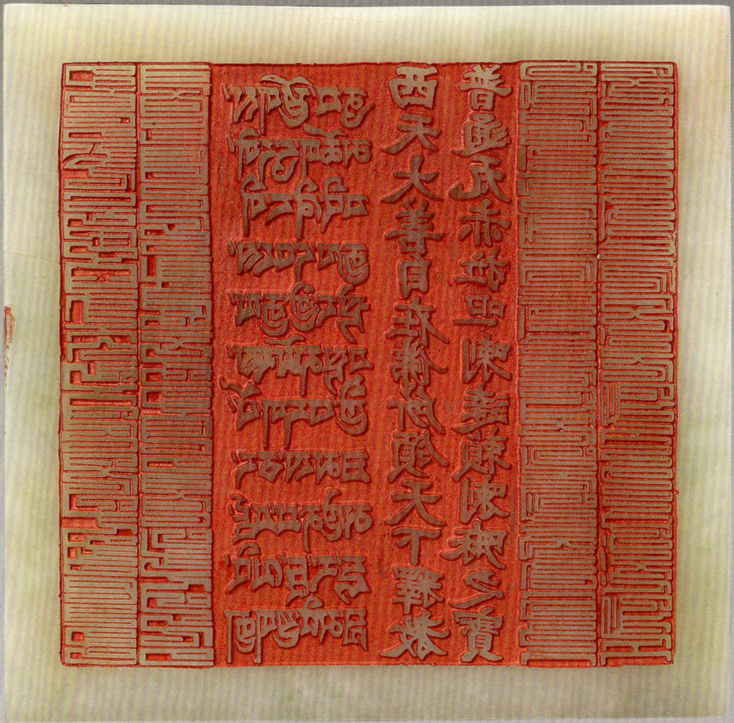

八世达赖喇嘛玉宝

清

高 9.7 厘米　边长 12.9 厘米

西藏博物馆藏

乾隆四十八年（1783），因八世达赖喇嘛强白嘉措成功主持七世班禅的认定而封授玉宝和玉册。此件玉宝印文为满、汉、藏、蒙四种文字的“西天大善自在佛所领天下释教普通瓦赤拉呾喇达赖喇嘛之宝”字样。这是清政府颁赐给历辈达赖喇嘛的唯一一枚玉宝。

御笔写娑罗树并赞图

清乾隆

纵 305 厘米　横 116 厘米

西藏博物馆藏

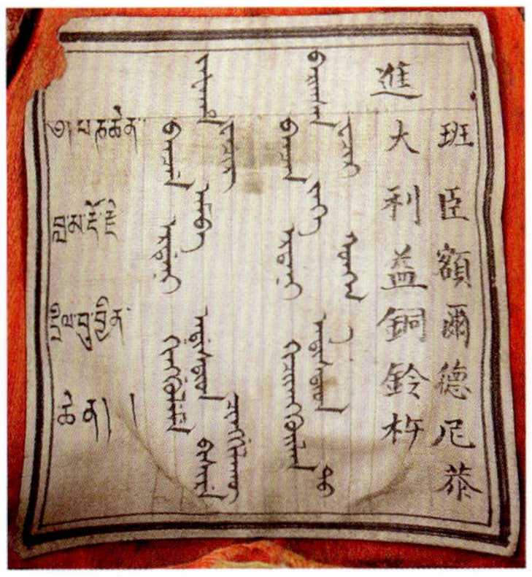

铜金刚铃、杵

明宣德

金刚铃　高 19.5 厘米　口径 9.5 厘米

金刚杵　长 11.8 厘米

承德市避暑山庄博物馆藏

乾隆四十五年（1780），六世班禅前往北京为乾隆帝庆祝七十大寿，进献金刚铃、金刚杵作为贺礼。六世班禅是继五世达赖喇嘛觐见顺治帝后，第二位到京朝见的格鲁派宗教领袖，此次觐见是西藏与祖国关系史上又一次重大事件。乾隆帝敕命在承德修建须弥福寿之庙，供班禅讲经驻锡。而不幸的是，六世班禅因感染天花于当年十一月初二圆寂。此前一天，乾隆帝绘制娑罗树为班禅大师祈福。大师圆寂后，乾隆帝敕命在北京西黄寺西侧修建清静化城塔及塔院，将此画作刻于碑上。

拉萨大昭寺广场种痘碑　清乾隆

清乾隆五十九年（1794），清政府命驻藏大臣在西藏防治天花病，为患病百姓修建集中隔离疗养场所，教当地人种痘免疫，结束了藏区无法防治天花病的历史。记录内地向西藏传授接种牛痘和治疗天花方法的清代种痘碑，今天仍矗立在拉萨大昭寺广场。

承德须弥福寿之庙

设立驻藏大臣

雍正五年（1727），清政府设立驻藏大臣，是清朝中央政府派驻西藏地方的行政长官。根据清朝中央政府规定，驻藏大臣与达赖喇嘛和班禅额尔德尼的政治地位平等。乾隆五十八年（1793），《钦定藏内善后章程二十九条》在驻藏大臣下传圣旨、上报奏折、管理驿站之外，赋予其掌握西藏地方军事、外交、经济大权。

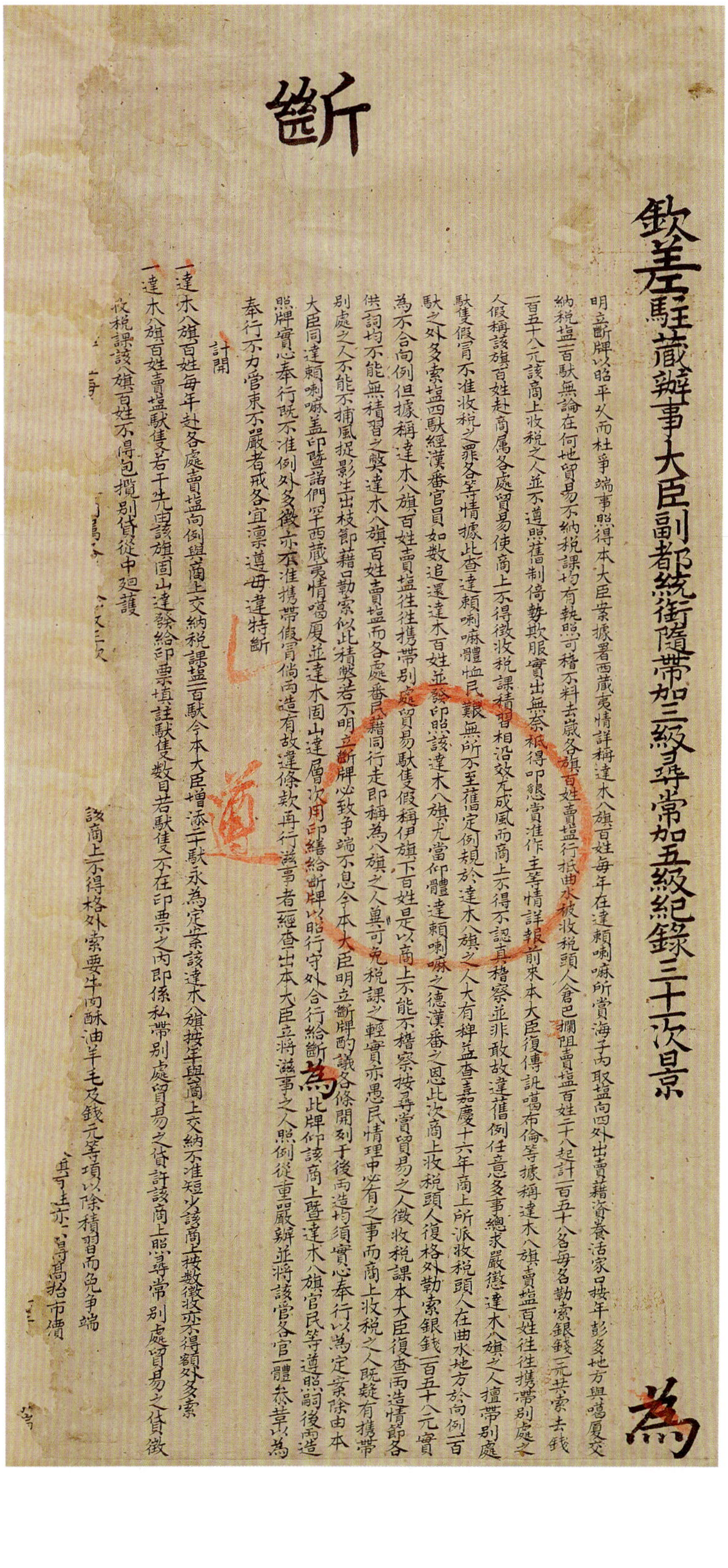

驻藏大臣关于达木蒙古盐税事断事牌

清

纵 105 厘米　横 59 厘米

西藏博物馆藏

达木八旗是和硕蒙古部固始汗及其子孙驻军之地，在今当雄。历史上，由于达木八旗有“租厂放牧”和采盐贩卖的生产生活习惯，常因税收问题与西藏噶厦地方政府产生冲突。此文件是驻藏大臣景纹为处理达木八旗与噶厦地方政府之间因贩盐与盐税纠纷颁发的断事牌。

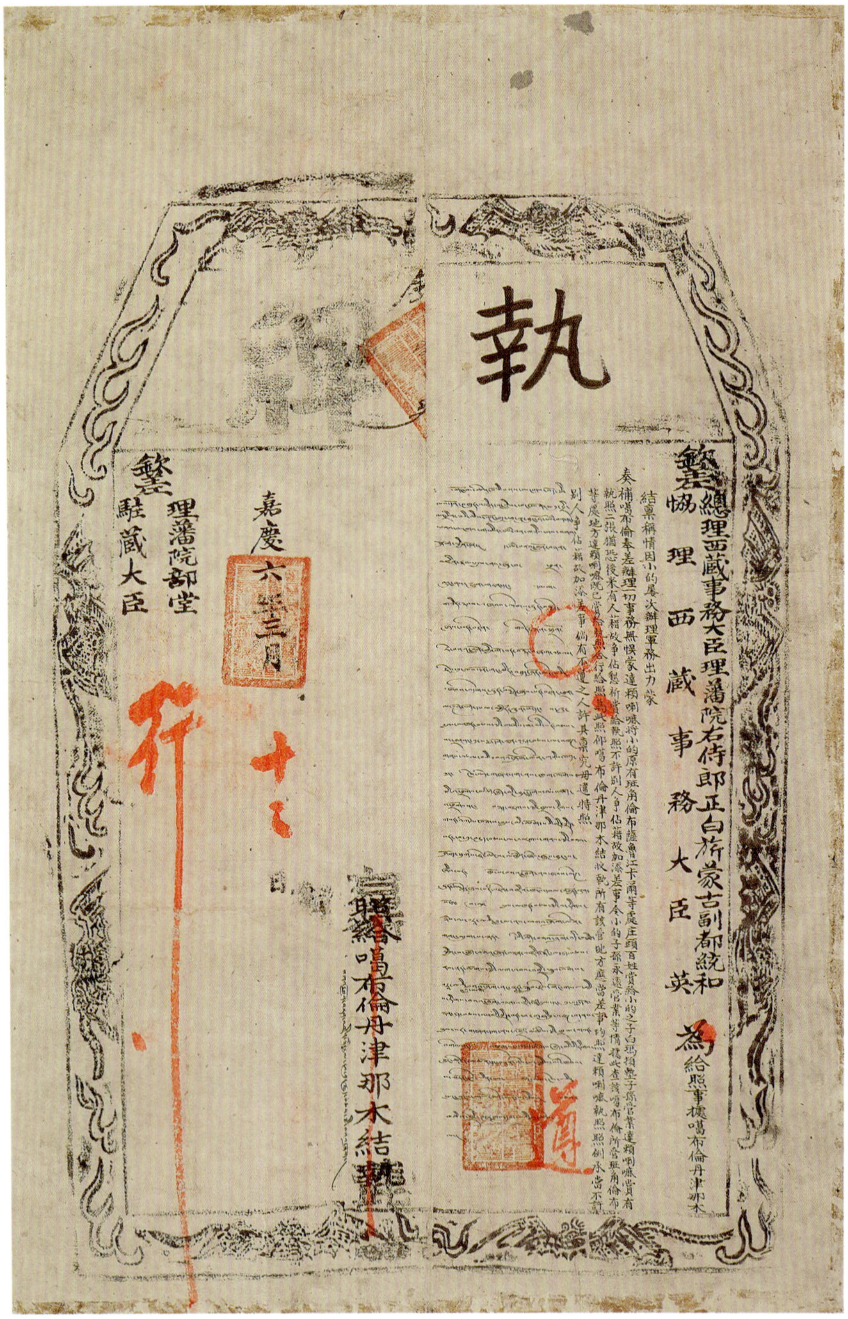

驻藏大臣和宁英善给噶布伦丹津那木结执牌

清

纵 113.5 厘米　横 76 厘米

西藏博物馆藏

清乾隆十六年（1751），清中央政府决定对西藏地方事务管理体制进行重大调整，废止郡王制，实行噶布伦制。噶布伦为四人，官职三品，由三俗一僧组成。丹津那木结噶布伦在乾隆末年卓有声望，是江孜帕拉庄园的缔造者，曾参与驱逐廓尔喀战争，并多次追随驻藏大臣巡查边防，整饬军纪，屡立军功。为此，驻藏大臣和宁、协理西藏事务大臣英善于嘉庆六年（1801）颁发此件执牌，庄园、百姓由其子继承。

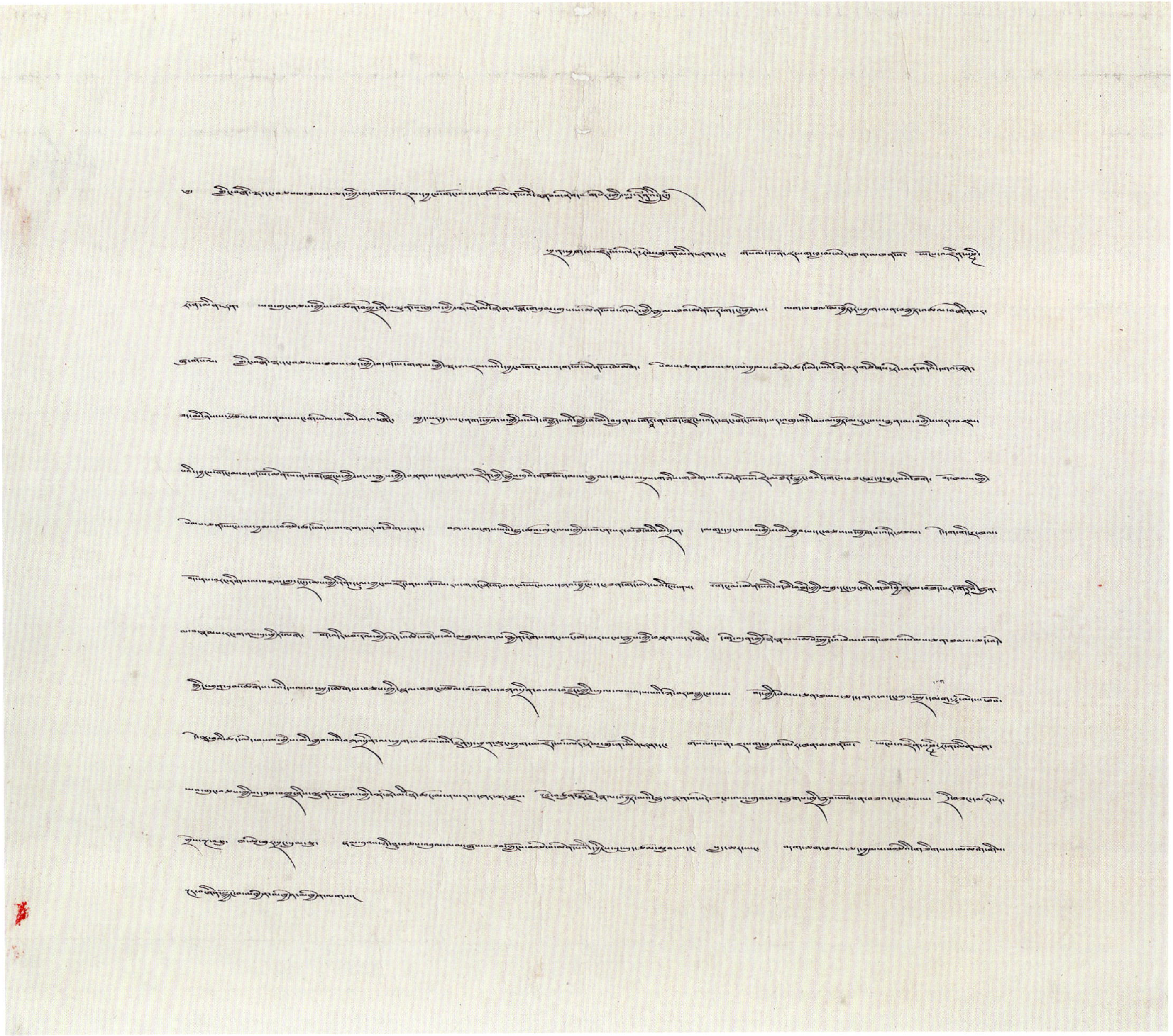

扎什伦布寺敬献清乾隆皇帝的呈文

清

长 55 厘米　宽 58 厘米

民族文化宫博物馆藏

乾隆五十六年（1791）八月，廓尔喀人第二次入侵西藏，日喀则僧俗惨遭涂炭，扎什伦布寺也被洗劫。乾隆五十七年（1792）二月，福康安奉乾隆皇帝命令率军驱逐廓尔喀人。七月，侵略者请降。战事结束后，扎什伦布寺向乾隆帝敬献呈文，感谢中央政府派兵收复后藏地区。

缂丝三世佛唐卡

清

通长 193 厘米　宽 116.5 厘米

画心长 112 厘米　宽 62.5 厘米

西藏博物馆藏

双龙耳三足玛瑙盖炉

清

通高 25 厘米　口径 8.5 厘米

西藏博物馆藏

兽面纹碧玉长方鼎

清乾隆

长 26 厘米　宽 14.7 厘米　高 27 厘米

西藏博物馆藏

松柏灵芝形白玉如意

清

长 27.5 厘米

西藏博物馆藏

描金百寿纹碧玉如意

清

长 61.5 厘米

西藏博物馆藏

明黄色缎绣彩云金龙十二章龙袍

清

身长 213 厘米　两袖通长 147.5 厘米

下摆宽 123.5 厘米

西藏博物馆藏

香色地彩云金龙纹妆花缎夹短上衣

清

身长 67 厘米　两袖通长 195 厘米　下摆宽 65 厘米

西藏博物馆藏

大红色地彩织“百子图”纹锦被面

清

通长 210 厘米　宽 142 厘米

西藏博物馆藏

蓝色地彩织龟背填花纹锦匹料

清

通长 724 厘米　宽 101 厘米

西藏博物馆藏

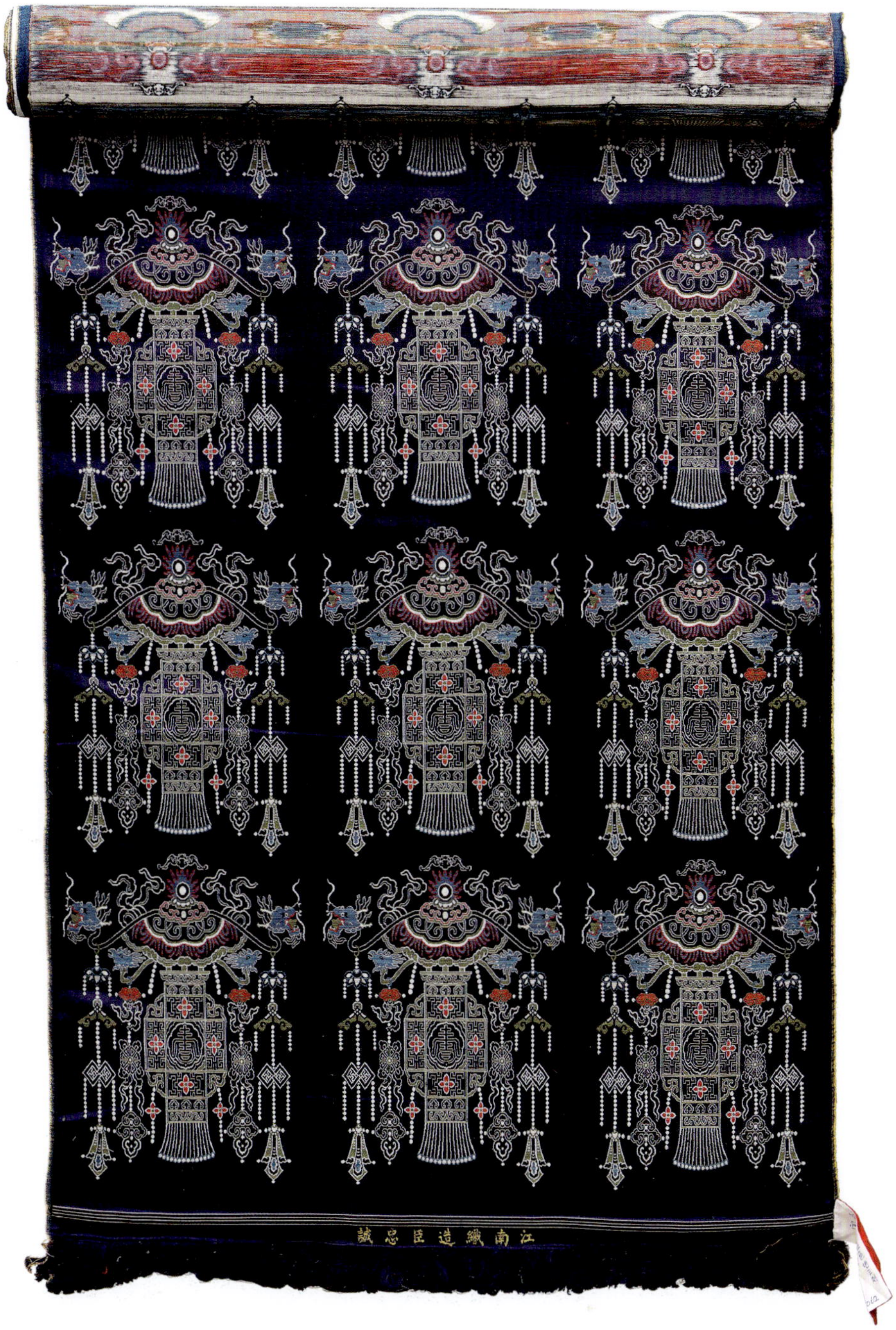

蓝色地三则宫灯纹锦匹料

清同治

通长 862 厘米　宽 74 厘米

西藏博物馆藏

粉彩缠枝花卉纹多穆壶

清嘉庆

高 45 厘米　口径 13 厘米　底径 13 厘米

布达拉宫管理处藏

瓷质多穆壶始见于元代，清代康熙至乾隆朝时期较为流行。此器釉质明亮，纹饰匀称，画面明快，是边疆民族传统文化与内地制瓷工艺和谐统一的代表作，是多民族文化交流与融合的见证。

斗彩松竹梅纹盘

清康熙

高 3.2 厘米　口径 18 厘米　底径 11 厘米

布达拉宫管理处藏

黄釉双龙戏珠纹碗

清光绪

高 6 厘米　口径 12.4 厘米　底径 4.7 厘米

布达拉宫管理处藏

青花双鹤暗鹿云耳抱月瓶

清嘉庆

高 30 厘米

布达拉宫管理处藏

器形雍容典雅，釉色洁白莹润，青花纹饰淡雅，富有典型的文人画意境和内地民俗审美意义，体现了延年长寿的美好寓意。

镀珐琅铁钵

清（六世班禅进献）
高 16 厘米　口径 17.5 厘米
民族文化宫博物馆藏

双头五股鎏金银金刚杵

清（七世班禅进献）
长 20 厘米
民族文化宫博物馆藏

清政府为怀柔西藏、蒙古格鲁派，在承德避暑山庄外修建外八庙，供西藏、蒙古等地朝觐皇帝的贵族、高僧礼佛。

承德须弥福寿之庙妙高庄严殿

铜鎏金释迦牟尼佛像

清

通高 37.3 厘米　底长径 27.5 厘米

承德市外八庙管理处藏

铜鎏金绿度母像

清

通高 17.5 厘米　底长径 11.8 厘米

承德市外八庙管理处藏

铜鎏金无量寿佛像

清

通高 24.9 厘米　底长径 12.9 厘米

承德市外八庙管理处藏

乾隆款铜鎏金无量寿佛像

清

通高 81.9 厘米　底长径 50.2 厘米

承德市外八庙管理处藏

此像为紫金琍玛造像，琍玛即铜合金，是自尼泊尔引进的一种合金工艺，《藏汉大词典》中解释为多种响铜铸成的器物。在藏民族文化中认为古响铜铸造的佛像比纯金造佛像更为贵重。据清宫档案记载，乾隆四十六年（1781）二月，清宫造办处奉旨造紫金琍玛无量寿佛 9 尊，至九月造完后，又奉旨将这些佛像上原刻的“大清乾隆年敬造”款磨去，改刻“大清乾隆乙巳年敬造”款。

铜四臂观音菩萨像

清

通高 79.8 厘米　底长径 26 厘米

承德市外八庙管理处藏

此尊观音菩萨铜质，头冠、面部、颈部、耳环等处泥金，衣裙装饰华丽，裙上刻有缠枝花卉并错金银。

铜鎏金十一面观音菩萨像

清

通高 32.2 厘米　底长径 8.8 厘米

承德市外八庙管理处藏

铜鎏金阎魔天像

清

通高 18.6 厘米　底长径 12.7 厘米

承德市外八庙管理处藏

铜鎏金吉祥天母像

清

通高 19.4 厘米　底长径 13.5 厘米

承德市外八庙管理处藏

乾隆款红地粉彩贲巴瓶

清

通高 25.8 厘米　口径 3 厘米

承德市外八庙管理处藏

大清嘉慶年製

嘉庆款金釉五彩法轮

清

通高 27.2 厘米　底径 10.9 厘米

承德市外八庙管理处藏

银鎏金嵌石八宝纹桃形佛龛

清

通高 30.7 厘米

承德市外八庙管理处藏

金贲巴瓶、象牙签

除佛教仪轨中对佛、菩萨崇拜之外，藏传佛教还重视对上师、活佛的崇拜，并仿照佛、菩萨的形态塑造活佛像、上师像。噶玛噶举派首先采用活佛转世确定教派传承人，对西藏其他教派采用活佛转世产生了深远的影响。1792 年平定廓尔喀入侵西藏后，清政府实施金瓶掣签制度，达赖喇嘛、班禅额尔德尼、大呼图克图等活佛转世灵童均需在中央政府代表监督下经过金瓶掣签方为合法。

清乾隆五十七年（1792），清军清除廓尔喀侵略势力之后，鉴于当时西藏政局混乱，乾隆帝颁赐金贲巴瓶，用于抽签决定达赖喇嘛、班禅额尔德尼等大活佛转世灵童，以确保转世认定过程的公正性与合法性。此后，计有第十世、第十一世、第十二世达赖喇嘛和第八世、第九世、第十一世班禅额尔德尼经由金瓶掣签选定。金瓶掣签制度的实施，在一定程度上革除了藏传佛教活佛转世制度中的舞弊现象，规范了宗教秩序和仪轨，也直接确立了中央政府对藏传佛教大活佛转世的最终决定权，从而加强了对西藏宗教事务的管理。即使免于掣签的转世灵童，亦需要报请中央政府批准。

结束语

纵横在世界屋脊上的那些离天空最近的道路

一端连着雪域高原

一端连着祖国内地

世界也因此与我们相连

千百年来

天路上行进着无数不畏艰险的贤者

一串串脚印

一道道车辙

连接着人们的血脉

世上本无路

天路

是每个热爱西藏的人走出来的

也包括驻足在此的你和我